保姆服务技能培训教程

鲁平 编著

中国建材工业出版社

图书在版编目（CIP）数据

保姆服务技能培训教程 / 鲁平编著 . -- 北京 : 中国建材工业出版社 , 2016.9

ISBN 978-7-5160-1479-0

Ⅰ . ①保… Ⅱ . ①鲁… Ⅲ . ①家政服务—技术培训—教材 Ⅳ . ① TS976.7

中国版本图书馆 CIP 数据核字 (2016) 第 115523 号

内容简介

随着人们生活水平的不断提高以及我国家政服务业的不断完善，保姆成了一个极为重要的社会角色。本书结合我国家政服务业的现状，参考实际操作过程中会出现的各种情况和问题，用浅显易懂的语言介绍了保姆必备的基本素质、基本知识和基本技能，在很大程度上满足了保姆对快速掌握工作技能的要求，是很多保姆从业者快速入门以及自我提升的首选读物。

出版发行：中国建材工业出版社
地　　址：北京市海淀区三里河路 1 号
邮　　编：100044
经　　销：全国各地新华书店
印　　刷：三河市明华印务有限公司
开　　本：910mm × 1280mm　1/32
印　　张：7
字　　数：157 千字
版　　次：2016 年 9 月第 1 版
印　　次：2016 年 9 月第 1 次印刷
定　　价：26.80 元

本社网址：www.jccbs.com　微信公众号：zgjcgycbs

前言

在社会主义新农村建设的进程中，农民时刻面临着各种转型，比如从农民到工人的身份转型，或是从务农到务工的劳动转型，而农村妇女较为容易的转型便是从农民变为保姆，从务农变为家政服务。很多人认为，保姆工作简单，其内容无非是洗衣做饭、打扫卫生，其实不然，保姆是一个看似非常简单却极其不容易做好的工作。因此，要想做好保姆工作，除了要加强思想道德品质的修养之外，还要努力学习并掌握保姆服务所必需的知识技能，这样才能满足服务家庭的个性化需求。

随着社会经济的迅速发展和人民生活水平的不断提高，近几年城镇居民对家政服务的需求量逐渐增多，尤其是家庭生活及日用品的日渐现代化，人们对自身健康和饮食安全高度重视，对保姆的素质与能力要求也越来越高。而各种家政公司也如雨后春笋般涌现出来，并且正在不断壮大。但由于这类公司普遍规模不大，且招来的保姆大多来自农村，没有经过正规系统的培训，因此服务水平与质量水平往往无法达到应有的标准，为此雇主与保姆也经常产生矛盾。

《保姆服务培训技能教程》就是专门为保姆和准备从事保姆工作人员编写的。

本书将告诉你，保姆应当具备哪些道德品质与基本个人素养，要遵守哪些道德规范与行为准则，学习哪些基本礼仪，掌握哪些相关法律知识。本书还将告诉你，保姆应当学习并掌握的工作技能：家庭膳食制作，厨房、卧室、客厅与卫生间的清洁，衣物的洗涤、晾晒与保管，家电的使用、清洁与维护，婴幼儿的护理，老年人的护理，孕产妇的护理，家庭防火、防盗知识，保姆自身安全与卫生等。

现如今，保姆已不单单是传统意义上的保姆，而是成为了一种正规的职业，国家对其也越来越重视，先后出台了一些相关政策。因此，家政服务机构需要对从业人员进行岗前培训，而准备从事或正在从事这项工作的人也需要努力学习，不断提升自己的服务水平和工作能力，这样才能成为一名受人欢迎并获得理想待遇的从业人员。

希望本书能给准备从事或正在从事保姆职业的人以帮助。

目录

第一章 保姆基础知识

保姆是以个体形式进入私人家庭，为雇主提供服务的人员，从事的工作包括为所服务家庭操持家务，照顾儿童、老年人、孕产妇等。因此，要想成为一名合格的保姆，不仅要对自己的工作内容有一定的了解，还要掌握基本的礼仪要求以及相关的法律基础知识，这样才能有效地为雇主提供服务。

第一节 保姆岗位认知

一、保姆工作心理要求

保姆应当具备良好的心理素质和较强的心理承受能力，为人处世要宽容大度。具体应当做好以下心理准备：

1. 正确认识自己

对保姆工作的性质和特点要有深刻理解，无论自己来自农村，还是在城镇下岗失业，其最主要的目的就是就业。要充分认识到就业的重要性，通过自身劳动增加收入是一件光荣的事情，至少能自食其力，还能提高家庭生活质量。因此，应当将从事保姆工作作为人生的新起点。

2. 接受雇主的甄选

就业时，参加面试是必须经历的过程，所以必定要面对雇主审视的目光，并应对雇主的各种提问予以回答。对此，保姆要做好充分的思想准备，能够坦然面对雇主，并通过自己的言谈举止，将最好的精神风貌及工作能力展现给雇主，为成功就业赢得加分。

3. 对工资的预期要合理

保姆应当有清醒的认识，对工资收入不要有太高的预期。要全面分析和评价自己的个人条件与工作能力，了解自己的优势和长处，并根据就业所在地的实际情况，对工资做一个合理的定位。

二、保姆工作职业心态

保姆要树立正确的职业心态，这就要求保姆应当做到以下几点：

1. 正确认识保姆职业

随着社会经济的发展，社会分工越来越细化，保姆行业的兴起和壮大在我国具有战略意义，已经朝着职业化、专业化、产业化的方向发展。目前，国家大力发展家政服务业，接连颁布了相关政策和措施，保姆也越来越得到社会的尊重。

2. 克服世俗观念和自卑心理

中国具有几千年的封建历史，在很多人的潜意识里仍然存有封建等级观念，认为从事保姆工作就比别人低一等，甚至看不起从事保姆工作的人。事实上，当今社会职业只是用以区分工作的标志，人们从事的职业虽然不一样，但都是为社会做贡献，只是工作的对象有所不同。所以，保姆要抬起头，用与雇主平等的态度去工作，关键还要提高自己的综合实力，这样才能赢得雇主的尊重。

3. 客观评价自我

人贵有自知之明，不管从事哪种职业都要实事求是地看待自己，做事要量力而行，既不可以好高骛远，也不可以妄自菲薄。对自己的优势要实事求是，并充分发挥，积极为择业创造条件。同时，对自身的劣势和缺点也要客观加以分析，主动反省，用积极的态度去规避或改变劣势，克服缺点，努力将劣势变为优势。

4. 职业定位要明确

保姆是一个特殊职业，她们作为一个非家庭成员进入一个家庭，承担着这个家庭的一些职责，比如操持家务、照顾婴幼儿等，而作为职场人员，努力履行合同规定的服务内容是职责所在。保姆要把雇主的家务看作自己的事去做，但却无法承担起雇主家庭管理的所有责任。要掌握好分寸，做事尽职尽责，服务有度。工作中要主动征询雇主的意见，及时接受他们的指导。

三、保姆工作的主要内容

保姆人员要想做好本职工作，首先应对工作的主要内容有一定的了解，这样才能更好更快地投入到家政服务中去。

（一）制作家庭餐

（1）正确掌握各种灶具的使用方法，以防煤（燃）气泄漏。

（2）依据家庭不同成员的营养需要与季节变化，有针对性地进行食物的搭配。

（3）食谱的制定要依据雇主家庭的口味，做好一日三餐的烹饪工作。

（4）保证食品卫生。严格按照各种食物的不同清洗方法操作。并做好食品的储存和保管工作，准确鉴别变质食品。

（5）用完餐后，要及时对厨房、炊具和餐具等进行清洁整理工作。

（二）家庭保洁

1. 厨房卫生

厨房卫生包括炊具卫生和纱窗、墙面清洁等。

（1）针对各种炊具可能沾到的污垢、油垢与烟垢进行有效清除。

（2）要了解纱窗和瓷砖墙面上沾到污垢、油垢的清除方法，并经常保持洁净卫生。

2. 居室卫生

居室卫生包括居室除味、打扫等工作。

（1）确保居室内空气流通，去除香烟、垃圾、鞋袜及霉变等产生的异味。

（2）针对不同的环境，如卧室、客厅及卫生间等，采取正确有效的清洁工作。

3. 衣物卫生

衣物卫生包括衣物洗涤、衣物晾晒、衣物保养。

（1）对不同质地的衣料采取正确的洗涤方法，熟悉清除各种污迹的方法。

（2）对不同质地的衣料进行正确的晾晒。

（3）对棉麻织物、丝类、棉布、皮革等不同材质的衣物，采用合理的保养措施。

4. 家居设施的清洗与保养

（1）地毯、地砖、地板及大理石的清洗与去垢。

（2）墙板、壁纸、瓷砖的清洗与去污。

（3）窗帘和床上用品的清洁、保养与整理。

（4）不同材料家具的清洁与保养。

（5）门窗的清洁与保养。

（三）采购日常生活用品

帮助雇主采购一些日常生活用品，如饮料、食品、洗衣粉、洗洁精、洗发水等。

（四）看护婴幼儿、照顾老年人

1. 看护婴幼儿

（1）照顾婴幼儿的饮食、起居，并保证其人身安全。

（2）婴幼儿辅食的制作及喂养。

（3）婴幼儿患病期间的看护，了解并掌握药品的服用方法。

2. 照顾老年人

（1）保证老年人的人身安全。

（2）照顾老年人运动和休息，安排其饮食。

（3）照料老年人的日常起居。

（4）护理患病老年人，帮助他们服药和适量的活动。

（五）护理孕、产妇

1. 护理孕妇

（1）依据孕妇的饮食需求，做好孕妇饮食营养调理工作。

（2）帮助孕妇洗浴、擦浴。

（3）时刻留意孕妇的妊娠反应，以提供相应护理工作。

2. 护理产妇

（1）针对产妇的身体情况，照料产妇的日常生活。

（2）掌握产妇的营养饮食需求，做好产妇的饮食调理工作。

四、保姆工作注意事项

每个地方人其生活习惯都不同，俗话说，入乡随俗。保姆应该做好心理准备，并尽快对其服务家庭的生活习惯有所了解。具体要注意以下几点：

（1）初到雇主家，如果身上带着的现金或贵重物品较多，应主动告知雇主，以免日后造成不必要的麻烦。

（2）了解并熟记雇主的要求和注意事项，以及有紧急事情时应找的人的电话号码和地址。

（3）了解雇主的家庭住址以及周围与服务相关的场所和服务时间。

（4）了解雇主家庭成员关系，以及其性格、爱好、工作、生活习惯与时间安排等，尤其是饭菜口味，有没有特殊要求和特别禁忌。

（5）不能偷听雇主说话。有客人来访时，招待后应主动回避。

（6）需要了解的事要多问，但注意不要参与雇主家庭成员之间互相议论的事，并不为其传话。

（7）不懂要勤问、勤学、勤记，不要不懂装懂，更不要蛮干。

（8）不带外人到雇主家中，更不要进门就打电话，即便有必要接听和拨打电话时，也要尽量缩短通话时间。

（9）吃饭时要吃饱，忌背着雇主偷吃东西。

（10）贵重物品不要乱动，且要有条理地放置物品，不要乱放。

（11）做错了事情，应主动、如实地向雇主承认错误，并注意及时改正。

五、保姆的道德规范与行为准则

（一）保姆应具备的道德规范

家政服务是以个体形式进入服务家庭，并为雇主提供满足个性需求的服务，而作为服务行业的从业者，保姆必须拥有良好的道德品质与基本的职业操守。主要体现在以下几方面：

（1）遵纪守法，文明礼貌，维护社会公德。

（2）自尊、自爱、自信、自立、自强。

（3）树立良好的服务形象，明确服务宗旨，加强服务意识。

（4）尊老爱幼，守时守信，勤奋好学，精益求精。

（5）热情服务，忠诚本分，宽容谦让。

（6）尊重雇主，热情和蔼，不参与雇主家庭事务。

（二）保姆的行为准则

保姆的行为准则是国家或集体强制性规定的行为要求，也是保姆在自己的工作范围内必须遵守的职业纪律。

1. 保姆在工作时应掌握以下几条原则：

（1）工作早安排、巧计划

做工作时要心中有数，每周、每天甚至每小时要做什么工作，先做什么、再做什么，用什么方法做等，都要有统一的安排。

（2）见缝插针、避免无效劳动

工作要井然有序，清楚物品摆放位置，避免临时乱抓；工作时双手应紧密配合，如可以一边煮饭一边择菜，或是一边扫地一边整理，以达到省时、高效、省力的目的。

（3）分清主次、繁简、急缓，注意劳逸结合

要做到先主后次、先急后缓、先繁后简，以及注意劳逸结合，进而提高工作效率。

（4）主动协商、争取合作

保姆做事要主动，凡是自己能看见的事情、该做的工作，要尽力

去做，有争议的事应主动，多与雇主商量，注意听取意见和建议。

2. 保姆必须具备的行为准则有以下几点：

（1）遵纪守法

遵守国家各项法律、法规与社会公德，以及所在家政公司的各项规章制度，对公司与雇主的合法权益进行维护。不得乱翻、乱动、乱看雇主的东西。

（2）远离恶习

对雇主要忠实，要热忱周到地为雇主家庭服务。禁止对老、幼、病、残、孕人员打骂或虐待，不得盗窃、赌博、打架斗殴等。

（3）入乡随俗

尊重雇主的饮食习惯与生活习惯，按照雇主家的口味烹调饭菜。

（4）摆正位置

任何时候都要摆正自己的位置，雇主家人在谈话或看电视时，要主动回避，不能大声喧哗。雇主房间门关闭时，进屋要先敲门，不得未经允许就进入雇主卧室，出去时要轻轻地带上门。

（5）真诚待人

不要欺骗公司和雇主，说话要有分寸；雇主家的事，包括衣、食、住、行，私人秘密和家庭信息等一概不要向外透露；不要和邻里议论雇主的家事。

（6）注意安全

雇主家的贵重物品、器具及通讯设备等，未经雇主允许严禁使用，以确保雇主的财产安全；不准与异性同龄人同住在雇主家；不与不相识的人乱拉关系；不要带外人、老乡到雇主家；不准擅自外出或夜不归宿；自己的人身安全与合法权益受到侵害时，应及时同所在公司或当地公安机关联系，不可擅自处理。

（7）洁身自爱

讲礼节、懂分寸、诚实做人，做到不管雇主在与不在都一样。禁止趁雇主不在或未经雇主许可使用电话聊天或打长途电话，或将雇主家的电话号码告诉他人。不要在未得到允许的情况下翻阅雇主的东西，更不得将其占为己有。忌乱动雇主家的贵重物品。

（8）谨慎从事

保姆难免会有粗心大意之处，若损坏或丢失雇主家的东西，应及时如实对雇主说明真相，切不可推诿责任；工作期间若与雇主发生矛盾，要寻求家政公司解决。

（9）不懂就问

要记清楚雇主的叮嘱和交代；由于语言的差异，未听清或未听懂时一定要问清楚，不可不懂装懂，如果事情太多可记录在纸上。

（10）勤俭节约

主动协助雇主家节约水、电、煤（燃）气等各项开支；帮助雇主采购日常生活用品时，必须货比三家；购买东西时要记账、报账，不准谎报、虚报。

（11）有度有节

若雇主与邻居发生矛盾，或家庭内部发生矛盾时，切记不要卷入，正确的做法是劝解。多做些沟通说服工作，若说服不了也不要勉强；无论矛盾是什么性质，对双方都应一视同仁，不可为双方的过激行为做旁证。

（12）遵守协议

依照协议办事，不得自行要求增加工资；禁止随意毁约、终止合同；禁止无故要求换户或不辞而别；禁止向雇主借钱、借物或暗示性向雇主索要钱物；若与雇主解除劳务关系，在离开服务家庭前，为表示尊重，应打开自己的行李让雇主检查。

第二节 保姆的礼仪要求

一、整洁文明的仪表仪容

作为保姆，整洁文明的仪表仪容很重要，要求做到：

（1）面部清洁，且要经常梳洗头发，切忌有头皮屑。发型简单大方，不使用气味浓烈的发乳或香水。

（2）时刻注意自己的各种姿态，及时改正站姿、坐姿、行姿中的不良姿态。

（3）着装简单、大方、得体，衣着不得过分裸露、透薄、紧身或艳丽，且不得布满褶皱、残破不整（如衣服刮破、扯烂、磨透、烧洞等）、带有污渍（如油渍、泥渍、汗渍、雨渍等）、散发异味。

（4）注意随时洗手，经常洗澡，修剪指甲和脚趾甲，并保持其清洁，不得染重彩指（趾）甲；鞋袜要整齐卫生，经常洗换。

（5）工作期间不能满嘴散发异味，饭后要漱口，保持口腔清洁，无异味。

（6）保持微笑，态度和蔼。

二、日常体态语言

一个优秀的保姆必须有端庄、优雅的举止，这样才能给人留下美好的印象，主要注意以下几个方面：

1. 手势

手势是体态语言中最常见的，它变化万千，具有丰富的含义。如握手时，应当使用右手，随后将左手搭在对方的手背上，或是用双手握住对方，这样显得更加亲切、尊敬。切记握手时不能戴手套，也不可心不在焉、眼睛到处乱看。尤其要注意的是，在工作之中，不能用手指对着别人指指点点。

2. 站姿

错误的站姿

站立是服务工作最常用的姿势，站立时应挺直、舒展，以给人一种端正、庄重的感觉。其要求腰背挺直，挺胸收腹，抬头平视，微收下颌。双臂自然下垂，双腿并拢微曲，两脚脚后跟并在一起，但不要贴得太近，以站稳为好。站立时，可将双手放在腿部两侧，手指稍稍弯曲，或将双手相交放在小腹部。与人交谈时，不要倚靠在墙上或椅子上，也不要扭动身子，或东张西望，或晃动腿脚。表情切勿羞怯、胆小、没有自信。

3. 坐姿

从根本上看，坐姿应当算是一种静态的姿势。对保姆而言，无论是工作还是休息，坐姿都是常用的姿势之一。落座时，要轻、要稳，从容地行至座位前，然后转身落座。如果穿的是裙子，应用手将裙子稍稍整理一下，不要等坐下来之后再站起来整理衣服。坐下后，不可随意拖拉椅凳，头要正，上身自然挺直，并微微向前倾斜，双腿轻轻并拢，并把两个脚后跟微微提起。坐的时间长的话，可以更换一下坐姿，比如，将两脚交叉，小腿前后分开，或侧身坐等，但一定要注意不能分开双膝。切忌风风火火、两腿叉开、跷起“二郎腿”或抖动双腿。

4. 走姿

走路时应头正、颈直，挺胸收腹，双目向前平视，面带微笑，微收下颌，重心稍前倾，两臂自然前后摆动。步幅适中均匀，不要跨得太大或太小。如果有背包或手提袋，应背好或提好，不能夹在腋下，也不能甩来甩去。上下楼梯时，上身要直，脚步要轻稳，通常不要用手扶杆。若是与雇主或长者一起行走，要让雇主或长者走在前面；若是并排而行，也应让他们走在里侧。切记不要弯腰驼背、晃肩摇头或两边扭胯，更不要将双手插入裤袋或背在身后行走。

三、保姆的日常礼仪

家政服务的日常礼仪主要包括日常文明用语、接待宾客礼仪、招待客人礼仪、手持物品或递接他人物品时的礼仪及接打电话礼仪等。

（一）日常文明用语

1. 称呼得体

与他人打招呼时，应尽可能使用敬语，要让对方感到被人尊重。例如，应多用“您”字，少用或不用“你”字。或是与人讲话前，要先有称呼，且称呼要符合彼此的身份。一般称呼雇主为先生、太太。对雇主家小孩的称呼：年少者，通常称为“小弟弟”、“小妹妹”，或是直呼其小名；对婴儿，通常呼其乳名或是统称为“宝宝”，使人感觉自然、亲切，容易招人喜欢。对雇主的父母，如果年龄差别不大，可称呼大哥、大姐；如果年龄大得多，可称其为大伯、大妈，或是爷爷、奶奶。最常见的称呼是小姐、先生、太太、大伯、大妈、爷爷、奶奶。

2. 能自觉运用日常礼貌用语

（1）问候语

用于见面时的问候。选择问候语，关键要看场合和对象。通常，在正式场合问候一声“您好”、“早上好”、“见到您很高兴”等均是可以的。问候时，表情要自然、和蔼、亲切，要面带微笑。

（2）告别语

用于分别时的告辞或送别，比如“再见”、“晚安”、“欢迎您再来”、“明天见”等。说告别语的时候要真诚、恭敬、笑容可掬。

（3）答谢语

答谢语应用的范围很广，有的表示对对方的感谢，比如当别人帮助了你，你应该说“非常感谢”、“谢谢您”等。如果是对对方表示感谢的回应，可以说“不必客气”、“这是应该做的”、“照顾不周的地方请原谅”等。有时还可以用在拒绝的时候，比如对不想吃的菜表示拒绝时，可以说“不，谢谢”，而不可以直接回绝，说“不要”、“不好”等。用感谢语时应以热情的目光注视对方。

（4）请托语

向别人请教或是请别人帮忙时，应使用委婉谦逊的语气，在讲话中多说“请”字，这样会让人产生好感，不忍心拒绝你请托的事情。比如“请问”、“麻烦您关照一下”、“拜托您帮我个忙”、“请让一下”等，切记不可用强求或命令的态度和语气。

（5）道歉语

如果不经意打扰了别人，或是打断了别人的话，或是自己做错了事，向对方道歉时，应该说“对不起，打扰了”、“请不要介意”、“对不起，打断一下”、“真对不起”、“实在抱歉”、“请多原谅”、“都是我的错”等。在他人面前说道歉语不仅不会有损你的面子，还会让对方觉得你很有教养。

（6）征询语

当向别人询问要为其服务时，应该说“需要我帮忙吗”、“我能为您做些什么吗”、“您需要什么吗”、“您还有别的事情吗”等。说话时态度要真诚，语气要温柔，要让对方感觉到你非常体贴人、关心人。

（7）慰问语

在人际交往中，对他人表示关切是非常重要的，慰问语经常用在这个时候。表示关心的慰问语，比如“您辛苦了”、“您歇会儿吧”等，会让人有一种善良热心的好感。若是他人身体欠佳，可以说“请好好休息”、“望您早日康复”、“需要陪您看大夫吗”等。

（8）祝贺语

当他人获得成功或有喜事、好事时，可以说“恭喜”、“祝您节日愉快”、“祝您生日快乐”等。通过祝贺语为他人送上真挚的祝福，可以加深彼此的友谊。

（二）接待宾客礼仪

家政服务工作中比较常见的一项工作便是接待宾客。接待宾客能力的强弱，能够直接反映保姆综合素质的高低。

1. 接待准备

（1）布置接待环境

家庭中接待宾客的地方一般为客厅。客厅如同一面镜子，能够充分体现雇主的综合素质、生活品位与生活质量，因此要尽量把接待客人的房间布置得清洁明亮、整齐美观，营造一个美观、温馨的接待环境，让客人一进门就能感受到家庭的洁净和温馨。有条件的家庭还可在窗台、屋角摆些盆景花卉，以使室内显得生机盎然。由于家中难免有临时来客，因此应随时保持家庭内部整洁；若是室内来不及整理，可做些解释。

（2）接待物品准备

为了方便客人进房后有地方放外衣，要备有衣帽架或衣帽钩。如果需要客人换鞋，应随时备好干净的拖鞋。另外，招待客人的茶具、茶叶及烟灰缸也应该准备好，有时还要应雇主的要求准备水果、小吃与香烟等物品。若是要宴请来客，要做好相应的准备工作，事先了解清楚时间、地点、人数、费用标准等。

(3) 接待心理准备

保姆在接待客人时要注意自己的服饰和仪表，要做好充分的心理准备，从内心上尊重宾客、善待宾客，待人接物也要热情开朗、文雅有礼。切勿让客人一进门就对你和雇主家留下“拒客”的不良印象。

2. 接待工作

(1) 开门

当听到门铃声或是敲门声时，要立即应答，并放下手上的工作，做好开门的准备。首先要问清来人姓名、与被访者的关系，然后开门迎客。如果来访者并不认识雇主，则不要开门；相反，则应面带微笑，有礼貌地说“请进”，同时伸手示意方向。若是雇主不在家，则可以客气地告知客人，并询问是否等雇主回家后再请光临，或是帮对方记下留言等。

(2) 问候和迎客

在开门后，要面带微笑、亲切地先向客人礼貌问候，可以说“您好”、“欢迎您”，若来访者是认识的客人，便可直接称呼，比如“张先生，您早”、“李阿姨，欢迎您”等。随后引导雇主与客人见面。通常不必与客人握手，若是客人把手伸过来，则要自然地回握，并请客人赶快进屋。若是客人需要更衣、换拖鞋等，应主动协助。若是家中有小孩子，也要嘱咐孩子跟客人问好。如果客人手中提有重物（不是礼物），应该主动帮助放好；如果是礼物，就不要主动上前迎接。

(3) 招待

在请进让座接待中，“请、让”的接待语言以及相应的手势要同时进行，引导客人到客厅就座，并及时送上茶水或饮料。当然，要根据实际情况选择座位比较好的沙发或椅子。若是夏天，应当把客人让到凉爽的座位上；若是冬天，则应该把客人让到温暖的座位上。首次沏茶时茶杯不要倒得太满，一般七分满即可。送茶时，最好用托盘托着，以齐胸的高度捧进去，先将托盘放到桌子上，然后取出茶杯，双手敬上，记得要先宾后主，并轻声说句“请用茶”。注意茶水、饮料要放在客人右前方，不能对着客人，并留心主动替客人续茶。在招待过程中还可根据雇主的意思，送上水果或小吃等。

宾主谈话期间，保姆应主动回避，尽量不要在室内走动或是干零活，并照顾好小孩，不要让其吵闹。

若是客人已逗留到快要用餐的时间，且宾主均无告别之意，这时应请示雇主是否需要备餐。餐后应准备一些洗干净的水果，必要时要将果皮去除后再放到客厅的茶桌上供客人享用。

(4）送客

当客人提出告辞时，保姆要等客人离座后，再随同主人相送。切忌不等客人起身，先于客人站起身相送，这是非常不礼貌的。并且要主动为客人取好衣物，同时用最合适的语言送别，如“请慢走”等礼貌用语。

当确定客人已经离去且已经走远后再轻轻将门关严。切记客人刚走出门就“砰”的一声关上门，这是非常不礼貌的。特别是对初次来访的客人更应该热情、周到、细致一些。

客人告辞时如果带有较多或较重的物品，应帮助客人提到电梯口或是汽车旁再告别，同时挥手致意，切记不可急于返回。

客人走后，要对家中进行清洁、整理，比如客人用过的茶具，每次用完后要及时清洁干净备用。

(三) 手持物品或递接他人物品时的礼仪

(1) 安全持物

安全手持物品时，应按照物品的形状、重量以及是否为易碎品，采取不同的手势。既可以使用双手，也可以只用一只手。但尽量要轻拿轻放，以保证物品的安全，同时还要防止伤人或伤己。

(2) 自然持物

自然手持物品时，保姆可以根据自身的能力与实际需要，酌情采取不同的姿势，如拿、捏、夹、提、握、抓、扛等。不过为保持自然美，持物的手势应当避免夸张。

(3) 持物到位

有不少物品在需要手持时，应当把手放在应该放的位置，这就是持物到位的含义。例如，杯子应当握其杯耳，箱子应当持其提手，炒锅应当持其手柄。

(4) 卫生持物

持物之时，卫生问题不容忽视。为人取过食品时，千万不能直接下手。敬茶、敬酒、送汤或上菜的时候，千万不能把手指搭在杯、碗、碟、盘的边沿，更不能无意间使手指浸泡在其中。

正确拿杯姿势

(5) 双手为宜

保姆在递物于人时，最好双手并用。不方便双手并用时，则应用右手。左手递物，通常被看作失礼的表现。

(6) 主动上前，递于手中

若递给他人物品，最好直接交到对方手中。如果不是万不得已，最好不要将所递的物品放在其他地方。双方距离比较远时，递物者应该主动走近接物者。假如自己坐着的话，在递物的时候还应尽量起身站立。

(7) 尖、刃内向，方便接拿

递给他人物品时，应为对方留出方便接取物品的地方，不要让他人感到接物时无从下手。若递给他人带尖、带刃或其他易于伤人的物品时，应将锐利的部分朝着自己，或是朝向他处，切勿直指对方。若将带有文字的物品递于他人，还必须使之正面对着对方。

(8) 表情与时机恰当

接取物品时，不能漫不经心，不要只顾注视物品，而应该目视对方，点头示意或道声“谢谢”。必要时，应当起身而立，并主动走近对方。当对方递过物品时，要用手前去接取，切不可直接从对方手中抢取物品。无论递物与接物，都应恭敬优雅、大方得体，并尽量使用双手，表现出恭敬与尊重的态度。

(四) 接听电话的礼仪

听到电话铃响，应马上放下手上的工作去接听电话。如果家中有人，一般不要让电话铃响超过三遍，使对方长时间等候，这会让对方感到不快。如果确实不能很快接电话，拿起电话后应向对方表示歉意，可说“对不起，让您久等了”。

通常接电话应以温和的语气先问好，然后自报家门，也可报上雇主的姓。如“您好，这里是黄先生家”，然后再问清对方要找哪一位及对方的姓名。比如“请问您找哪一位”、“请问您怎么称呼”，切忌急躁不耐烦，并在电话中粗鲁地问“喂，找谁”、“你谁啊”、“你等着啊”，这样说话都是非常不礼貌的。

保姆在接听电话的时候，一定要有礼貌，说话时语气要和蔼、友善，即使接到打错的电话，也要心平气和地告诉对方“您打错了”，而不要抱怨对方。

结束通话时也要说些告别语，要跟对方说“再见”，并应在对方将电话挂断后，再轻轻放下听筒，以示对对方的尊重，千万不能在对方还未挂断电话时就用力放下电话听筒。对话中还要尽量使用文雅的词汇和礼貌用语，并且话要讲得缓慢一些、清楚一些，以便于对方听明白。

假如雇主不在家，应清楚地告诉对方，可以说“对不起，他（她）现在不在家”。如果对方有事相告，保姆要协助对方为雇主做好留言，可说“我能帮您记一张留言吗”，然后认真做好留言记录，应记清来电时间、对方姓名、电话号码、留言的主要事项、是否需要回电话等。最后应把通话的重要内容复述一遍，以防弄错，待雇主回家后及时转达。

若有紧急事情要打私人电话（长途电话）或是收费电话时，应事先向雇主说明，得到许可后再拨打。尽量不使用雇主家的电话打私人电话，且通话时间也要尽量简短，不要无休止地聊天。

四、与人相处的礼仪

1. 与雇主家的成年男成员相处

当面对男性雇主时，应在尊重他们的同时也要自重。在服务男性雇主时，首先自己的态度要端正，做到“五不要”：一、不要超出常规；二、不要取笑打闹；三、不要借机单独相处；四、不要改变对他的称呼或是直呼姓名。只有自己心端行正，认真做事，才能赢得雇主的尊重；五、当男方对你表示过分关爱，比如送礼物、买东西、单独邀请你外出、超出范围给“酬金”等，应态度明朗，坚决不同意，不要含糊笑纳，搞“下不为例”等。除此之外，还要落落大方，礼貌相待，并注意和男性雇主保持适当距离。

2. 与雇主家的成年女成员相处

面对女性雇主时，应当真诚相待，根据年龄亲切相称。和女性雇主相处时，不仅要说清来历，让其有安全感，还要会说话，让她有亲切感。可以针对她的服饰、身材、发型、兴趣等表示肯定的态度。同时，还要处理好与她先生的关系。在从事家务劳动时，应当尽量按照她的要求去做，在洗涤和保管她的物品时也要细心，同时照顾好她的孩子。

3. 与孩子相处

当面对小主人时，要关心呵护，报以爱心。你对他（她）好，他（她）就会喜欢你、维护你、尊重你。在和孩子相处时，切不可因对方年纪小就存在轻视心理。尤其是现代家庭都非常注重儿童的教育，保姆应多和孩子的家长沟通交流，根据家长的教育目标和方法来照顾孩子。

4. 与老年人相处

面对老年人时，要尊重、细心。若老年人喜欢安静，那就尽量不要去打扰他，并保证其生活环境安静；若老年人喜欢热闹、精神旺盛，那就多陪老人聊天，做些老人喜欢的活动，比如逛公园、遛遛宠物等。这就要求保姆首先要从内心将对方视为自己的家人，做到诚心尊重、真诚服务、热情问候、虚心请教。在照顾老年人饮食上，要根据老年人的饮食习惯，保持足够的营养需要，进行科学合理的膳食搭配，尽量满足他们的品味要求。尤其人老之后，特别忌讳“老、病、死”等字眼，因此要理解老年人的心态，在言谈中掌握分寸，使老年人尽量保持舒畅的心情。而且与年轻人相比，老年人还比较保守、固执、爱唠叨，对这些也要给予充分的理解。

第三节　保姆应具备的法律基础知识

遵纪守法是保姆从事工作的必备条件之一。只有知法，才能切实保护自己的权益不受侵犯，约束自己依法办事，避免受到法律的制裁。作为一名保姆，学习一些必要的法律知识是很有必要的。

一、公民的权利与义务

作为一名保姆，学习一些必要的法律常识，是十分重要的。只有知法，才可以在自己的权益受到侵害时，更好地寻求法律保护，以做到真正维护自己的合法权益；才可以约束自己依法行事，避免受到法律的制裁。法律不仅是维护自身权利的工具，也是保护自身的有效武器，还是生活和工作中必须遵守的社会准则。

我国宪法规定了公民享有的基本权利和基本义务。

基本权利包括：第一，公民享有平等权，即公民在法律面前一律平等。第二，公民享有政治权利和自由，包括选举权和被选举权，言论、出版、集会、结社、游行、示威的自由。第三，公民享有宗教信仰自由。任何国家机关、社会团体和个人不得强制公民信仰宗教或者不信仰宗教，不得歧视信仰宗教的公民和不信仰宗教的公民。第四，人身与人格权，包括人身自由不受侵犯、人格尊严不受侵犯、住宅不受侵犯、通信自由和通信秘密受法律保护。第五，公民享有批评、建议、申诉、控告或者检举以及依法取得赔偿的权利。第六，公民的社会经济权利。第七，公民享有社会文化权利和自由，包括受教育权利，进行科研、文艺创作和其他文化活动的自由。第八，妇女在政治的、经济的、文化的、社会的和家庭的生活等各方面享有同男子平等的权利。第九，保护华侨的正当的权利和利益，保护归侨和侨眷的合法权利和利益。华侨的正当权益受国家保护。

公民基本义务包括：第一，公民有维护国家统一和全国各民族团结的义务。第二，公民必须遵守宪法和法律，保守国家秘密，爱护公共财产，遵守劳动纪律，遵守公共秩序，尊重社会公德。第三，公民有维护祖国安全、荣誉和利益的义务，不得有危害祖国的安全、荣誉和利益的行为。第四，公民有保卫祖国、抵抗侵略，依照法律服兵役和参加民兵组织的义务。第五，公民有依照法律纳税的义务。第六，其他义务。

二、劳动法常识

劳动法是调整劳动关系以及与劳动关系密切联系的社会关系的法律规范总称。我国劳动法的内容包括：促进就业法、劳动合同法、集体合同法、工作时间和休息休假法、工资法、劳动安全卫生法、女职工和未成年人特殊保护法、职业培训法、劳动纪律法、社会保险福利法、工会职工民主管理法、劳动争议处理法、劳动监督检查法等。

（一）劳动者的权利和义务

1. 根据我国《劳动法》规定，劳动者的基本权利表现为以下几个方面：

（1）平等就业和选择职业的权利

是指具有劳动能力，达到法定就业年龄的劳动者（一般为 18 周岁）有获得平等就业和选择就业的权利。包括法定劳动年龄内能够参加劳动的盲、聋、哑和其他有残疾的公民。劳动者就业，不因民族、种族、性别、宗教信仰不同而受歧视。妇女享有与男子平等的就业权利。

（2）取得劳动报酬的权利

随着劳动制度的改革，劳动报酬成为劳动者与用人单位所签订的劳动合同的必备条款。劳动者付出劳动，依照合同及国家有关法律取得报酬，是劳动者的权利。而及时定额地向劳动者支付工资，则是用人单位的义务。用人单位一旦违反这些应尽的义务，劳动者有权依法要求有关部门追究其责任。获取劳动报酬是劳动者持续的行使劳动权不可少的物质保证。

（3）休息休假的权利

是指劳动者在经过法定时间劳动后，身心得到修养的权利。即用人单位要保证劳动者每日正常工作时间和正常休息时间，需要劳动者延长工作时间每日不得超过 2 小时，最长不得超过 3 小时。加班时间应付给劳动者加班工资。

(4) 获得劳动安全卫生保护的权利

这是保证劳动者在劳动中生命安全和身体健康，是对享受劳动权利的主体切身利益最直接的保护。包括防止工伤事故和职业病。如果企业单位劳动保护工作欠缺，其后果不仅是某些权益的丧失，而且会使劳动者的健康和生命直接受到伤害。

(5) 接受职业技能培训的权利

是指劳动者就业前的培训和在职培训。劳动者就业前或供职时，用人单位有义务对劳动者进行岗位培训。

(6) 享受社会保险和福利的权利

(7) 提请劳动争议处理的权利

劳动者与用人单位发生劳动争议，可向本单位劳动争议委员会申请调解；调解不成，可向劳动争议仲裁委员会申请仲裁，对仲裁裁决不服，可向人民法院起诉。

(8) 法律规定的其他权利包括：依法参加和组织工会的权利，依法享有参与民主管理的权利，劳动者依法享有参加社会义务劳动的权利，从事科学研究、技术革新、发明创造的权利，依法解除劳动合同的权利，对用人单位管理人员违章指挥、强令冒险作业有拒绝执行的权利，对危害生命安全和身体健康的行为有权提出批评、举报和控告的权利，对违反劳动法的行为进行监督的权利等。

2. 劳动者的基本义务表现在以下几个方面：完成劳动任务；提高职业技能；执行劳动安全规程；遵守劳动纪律和职业道德。

（二）劳动就业服务机构

1. 劳动行政部门就业服务机构

人力资源和社会保障部是全国劳动就业服务事业的主管部门，负责制定劳动就业服务工作的方针政策和就业规则，指导、监督、检查各部门、各地方劳动就业服务工作，组织培训劳动就业系统的管理人员。各省、自治区、直辖市劳动部门设立劳动就业服务机构，负责求职登记、职业介绍、失业保险、指导劳动就业服务企业等多项具体工作。街、镇、乡设立劳动就业服务机构。作为基层就业服务组织，直接管理失业人员并提供相应的服务。

2. 劳动就业服务企业

指承担安置城镇失业人员任务，由国家和社会扶持，进行生产经营自救的股份合作制、集体所有制经济组织。

3. 职业介绍机构

职业介绍机构即职业介绍所，分为非营利性职业介绍机构和营利性职业介绍机构，是依法设立、从事职业介绍工作的专门机构。

（三）劳动合同

1. 劳动合同的含义及分类

劳动合同又称劳动契约，是指劳动者和用人单位之间为确立劳动关系，依法协商达成的双方权利和义务的协议。劳动合同是建立劳动关系的法律形式。

合同有书面形式和口头形式之分。我国《劳动法》规定，劳动合同应当以书面的形式订立，即应采取书面协议的方式。劳动合同有主件、附件之分。劳动合同的主件为劳动合同书；附件一般为劳动合同书补充内容的书面文件，如岗位协议书、专项劳动协议、用人单位依法制定的内部劳动规则等。主件和附件一同对双方当事人的权利和义务做出明确的约定，并具有同等的法律效力。

劳动合同可以分为不同的种类。按照有效期限的不同可以分为：有固定期限的劳动合同、无固定期限的劳动合同和以完成一定工作为期限的劳动合同。

2. 劳动合同的订立条件

签订劳动合同的当事人：年满 18 周岁、身体健康、具有劳动能力的自然人，可以是中国人、外国人、无国籍人。用人单位必须是依法成立或者核准登记的企业。个体经济组织、国家机关、事业组织、社会团体，具有用人的权利。

3. 劳动合同的主要特点

（1）劳动合同的主体是劳动者和用人单位。

（2）劳动合同是以确定劳动关系为目的，以明确双方当事人相互间的权利和义务为内容的协议。

（3）劳动合同是以双方当事人意志为转移的法律行为。

（4）劳动合同是劳动者合法权利的重要法律保障。

4. 签订劳动合同的原则

订立劳动合同，应当遵循合法、公平、平等自愿、协商一致、诚实信用的原则。

5. 劳动合同的内容

劳动合同的内容是指当事人双方达成的劳动权利和义务的具体规定，具体表现为合同条款：《劳动法》规定：劳动合同应当以书面形式订立，并具备以下条款：

（1）劳动合同期限。

（2）工作内容。

（3）劳动保护和劳动条件。

（4）劳动报酬。

（5）劳动纪律。

（6）劳动合同终止的条件。

（7）违反劳动合同的责任。

劳动合同除上述规定的必要条款外，当事人可以协商约定其他内容。

6. 劳动合同的履行

《劳动法》规定：劳动合同依法订立即具有法律约束力，当事人必须履行劳动合同规定的义务。履行劳动合同应遵循以下几项原则：

（1）亲自履行原则。

（2）全面履行原则。当事人应当按照约定全面履行自己的义务。

（3）实际履行原则。实际履行是指合同生效后，一方当事人违反合同义务时，另一方当事人有权请求法院或仲裁机关强制违约方继续履行合同义务。

（4）诚实信用原则。当事人应当遵循诚实信用原则，根据合同的性质、目的和交易习惯履行通知、协助、保密等义务。

用人单位变更名称、法定代表人、主要负责人或者投资人等事项，不影响劳动合同的履行。

7. 劳动合同的变更与解除

劳动合同的变更是指当事人双方对依法成立、尚未履行的劳动合同条款所做的修改或增减。劳动合同的解除是指当事人双方提前终止劳动合同的法律效力，解除双方的权利义务关系。一般包括法定解除和协商解除两种情况。法定解除是指出现了违法违约情况后自然解除或单方提出终止；双方协商解除劳动合同是指经劳动合同当事人双方协商一致，可以解除劳动合同。一般有用人单位与劳动者单方解除合同两种方式。

（1）用人单位解除劳动合同的情况：用人单位解除劳动合同分以下三种情况：

一是因劳动者不符合录用条件、有严重过错或者触犯法律，用人单位可以随时通知劳动者解除劳动合同。《合同法》规定："劳动者有下列情形之一的，用人单位可以解除劳动合同：①在试用期间被证明不符合录用条件的；②严重违反劳动纪律或者用人单位规章制度的；③严重失职，营私舞弊，对用人单位造成重大损害的；④被依法追究刑事责任的。"

二是因劳动者不能胜任工作或因客观原因致使劳动合同无法履行的，用人单位可以提前通知劳动者解除劳动合同。《劳动法》规定："有下列情形之一的，用人单位可以解除劳动合同，但是应当提前三十日以书面形式通知劳动者本人：①劳动者患病或者非因工负伤，医疗期满后，不能从事原工作也不能从事由用人单位另行安排的工作的；②劳动者不能胜任工作，经过培训或者调整工作岗位仍不能胜任工作的；③劳动合同订立时所依据的客观情况发生重大变化，致使原劳动合同无法履行，经当事人协商不能就变更劳动合同达成协议的。"

三是用人单位濒临破产进行法定整顿期间或者生产经营状况发生

严重困难，确需裁减人员的，应当提前30日向工会或者全体职工说明情况，听取工会或者职工的意见，经向劳动行政部门报告后，可以裁减人员。

（2）劳动者单方解除劳动合同主要有两种情况：

一是预告解除。劳动者应当提前30日以书面形式通知用人单位方可解除劳动合同。劳动者无须说明任何法定事由，只须提前预先告知用人单位即可解除劳动合同。超过30日，劳动者可以向用人单位提出办理解除劳动合同的手续，用人单位应予以办理。

二是无须预告解除。即劳动者不需要预先告知用人单位，只要具备法律规定的正当理由，便可随时通知用人单位解除劳动合同，还应对因用人单位的违约行为和侵权行为造成的损失要求用人单位予以赔偿，并有权提请有关机关追究用人单位的行政责任或刑事责任。无须预告的解除适用于有下列情形之一的：第一，劳动者在试用期内；第二，用人单位以暴力、威胁或者非法限制人身的手段强迫劳动；第三，用人单位未按照劳动约定支付劳动报酬或者提供劳动条件的。

8. 解除劳动合同的经济补偿

解除劳动合同的经济补偿是指因解除劳动合同而由用人单位给予劳动者的一次性经济补偿。根据《违反和解除劳动合同的经济补偿办法》的规定，其具体的补偿办法如下：

（1）当事人协商一致，用人单位解除劳动合同的，用人单位应当根据劳动者在本单位工作的年限，每满1年发给相当于1个月工资的经济补偿金，最多不得超过12个月。工作时间不满1年的按1年的标准发放经济补偿金。

（2）劳动者患病或者非因工受伤，经劳动鉴定委员会确认不能从事原工作，也不能从事用人单位另行安排的工作而解除劳动合同的，用人单位应按其在本单位的工作年限，每满1年发给相当于1个月工资的经济补偿金，同时还应发给不低于6个月工资的医疗补助费。患重病或绝症的还应增加医疗补助费。患重病的增加部分不低于医疗补助费的50%，患绝症的增加部分不低于医疗补助费的100%。

（3）劳动者不能胜任工作，经过培训或者调整工作岗位后仍不能胜任工作的，用人单位解除劳动合同的，用人单位应按其在本单位的工作年限，每满1年发放相当于1个月工资的经济补偿金，最多不超过12个月。

（4）因为客观原因劳动合同解除的或者用人单位因破产整顿、生产经营状况严重困难必须裁减人员的，用人单位应按劳动者在本单位的工作年限，每满1年发放相当于1个月工资的经济补偿金。用人单位解除劳动合同之后，未按规定给予劳动者补偿的，除全额发给经济补偿金外，还需要按经济补偿金的50%支付额外经济补偿金。

9. 劳动时间和休息时间

《劳动法》规定，国家实行劳动者每日工作时间不超过8个小时，平均每周不超过40个小时。用人单位由于生产经营需要，经与工会或者劳动者协商后可以延长工作时间，一般每日不得超过1个小时。特殊情况下，在保障劳动者身体健康的条件下，每日不得超过3个小时，但每月不得超过36个小时。但在特殊情况下，延长工作时间不受上述限制。这类情况包括：发生自然灾害、事故或者其他原因，因而威胁到人的生命、健康和财产安全，需要紧急处理的；生产设备、交通运输线路、公共设施发生故障，影响生产和公共利益，必须及时抢修等。

劳动者依法在周六、周日、法定节日都有休息的权利。但是，考虑到家政服务的特殊性，不一定死板地按照法律的规定，可以有灵活性。劳动者可以和雇主约定工作时间和休息时间，不过应在合情、合理、合法的原则下，兼顾劳动者和雇主双方利益。

10. 劳动争议的处理

劳动争议是劳动者和用人单位就劳动法律关系中的权利和义务发生争执，根据《劳动法》、《企业劳动争议处理条例》等相关法律的规定进行处理，我国劳动争议的处理机构有：劳动争议调解委员会、劳动争议仲裁委员会和人民法院。

（1）劳动争议调解委员会

设立于企业内部的劳动争议调解委员会有权对本企业的劳动争议进行调解，如果达成和解协议，需要劳资双方自觉履行，该和解协议并不具有强制执行的法律效力。如果劳动争议调解委员会调解不成，纠纷的双方可以请求劳动仲裁机关裁决。劳动争议调解委员会的调解也不是必经的程序。

（2）劳动争议仲裁委员会

劳动争议仲裁委员会是国家授权、依法独立处理劳动争议的专门机构。其实行一裁终局，不能上诉。且处理纠纷具有成本低、速度快的特点。仲裁是解决劳动争议的必经程序。只有对仲裁的结果不服时，才可以请求人民法院通过诉讼程序解决劳动纠纷。

（3）人民法院

人民法院受理不服仲裁裁决的劳动争议案件。“当事人对仲裁裁决不服的，可自收到仲裁裁决书之日起十五日内向人民法院提起诉讼。”当事人不服一审判决可以上诉请求上级法院审理；二审的裁判是终审生效的结论。

11. 劳动合同的终止

劳动合同终止是指终止劳动合同的法律效力。劳动合同订立后，双方当事人不得随意终止劳动合同。《劳动法》规定：劳动合同期满或者当事人约定的劳动合同终止条件出现，劳动合同即行终止。

根据《劳动合同法》第四十四条的规定："有下列情形之一的，劳动合同终止：①劳动合同期满的；②劳动者开始依法享受基本养老保险待遇的；③劳动者死亡，或者被人民法院宣告死亡或者宣告失踪的；④用人单位被依法宣告破产的；⑤用人单位被吊销营业执照、责令关闭、撤销或者用人单位决定提前解散的；⑥法律、行政法规规定的其他情形。"

三、消费者权益保护法常识

（一）我国消费者应享有的权利

我国《消费者权益保护法》规定我国消费者应享有的权利有：人身、财产安全权；知悉真情权；自主选择权；公平交易权；依法获得赔偿权；依法成立维护自身合法权益的社会团体权；获得有关消费和消费者权益保护方面的知识权；维护尊严权，是指消费者在购买商品或者接受服务时所享有的其人格尊严、民族风俗习惯得到尊重的权利；监督权。

（二）消费者与经营者发生权益争议解决途径

与经营者协商和解；请求消费者协会调解；向有关地方工商部门

申诉；根据与经营者达成的仲裁协议提请仲裁机构仲裁；向人民法院提起诉讼。

（三）民事责任

根据法律规定，民事责任又分为违约责任与侵权责任。

1. 违约责任

违约责任又叫担保责任，一般指经营者交付的产品或提供的服务不符合法定或约定的条件而应该承担的民事责任。违约责任的索赔对象是合同的相对方。例如，购买商品的，如所购的空调机不制冷或制冷效果太差等；接受服务的，如用餐时发现菜肴过咸、过淡或有污染物不卫生时，可以直接找服务提供者索赔。

2. 侵权责任

侵权责任是经营者因产品存在缺陷或者服务有缺陷造成消费者人身或其他财产遭受损害时应承担的民事责任。例如，家用电器在正常使用中发生了爆炸、燃烧，造成人身伤害和其他财产损害等后果，这就构成了侵权责任，消费者或受害者依法可以向销售者以及生产者索赔。

四、妇女权益保障法常识

尊重妇女和保障妇女合法权益，是社会主义制度下男女平等原则的必然要求，是社会文明和进步的重要标志。为了保障妇女的合法权益，促进男女平等，充分发挥妇女在社会主义现代化建设中的作用，我国于 1992 年颁布了根据宪法和我国的实际情况而制定的《中华人民共和国妇女权益保障法》。

1. 妇女的政治权利保障

《中华人民共和国妇女权益保障法》规定：国家保障妇女享有与男子平等的政治权利。妇女有权通过各种途径和形式，管理国家事务，管理经济和文化事业，管理社会事务。

2. 文化教育权益

《中华人民共和国妇女保障法》规定：国家保障妇女享有与男子平等的文化教育权利。

3. 劳动和社会保障权益

《中华人民共和国妇女权益保障法》规定：国家保障妇女享有与男子平等的劳动权利。各单位在录用职工时，除不适合妇女的工种或者岗位外，不得以性别为由拒绝录用妇女或者提高对妇女的录用标准，实行男女同工同酬。妇女在享受福利待遇方面享有与男子平等的权利。在晋职、晋级、评定专业技术职务等方面，应当坚持男女平等的原则，不得歧视妇女。

4. 对女性的特殊劳动保护

《中华人民共和国妇女权益保障法》规定：任何单位均应根据妇女的特点，依法保护妇女在工作和劳动时的安全和健康，不得安排不适合妇女从事的工作和劳动。妇女在经期、孕期、产期、哺乳期受特殊保护。任何单位不得因结婚、怀孕、产假、哺乳等情形，降低女职工的工资，辞退女职工，单方解除劳动（聘用）合同或者服务协议。

5. 财产权益

《中华人民共和国妇女权益保障法》规定：国家保障妇女享有与

男子平等的财产权利。

6. 人身权利

《中华人民共和国妇女权利保障法》规定：国家保障妇女享有与男子平等的人身权利；妇女的人身自由不受侵犯；禁止非法拘禁和以其他非法手段剥夺或者限制妇女的人身自由；禁止非法搜查妇女的身体；妇女的生命健康权不受侵犯；禁止拐卖、绑架妇女；妇女的名誉权、荣誉权、隐私权、肖像权等人格权受法律保护；禁止用侮辱诽谤等方式损害妇女的人格尊严。

7. 婚姻家庭权益

《中华人民共和国妇女权利保障法》规定：国家保障妇女享有与男子平等的婚姻家庭权利；国家保护妇女的婚姻自由权；妇女对依照法律规定的夫妻共同财产享有与其配偶平等的占有、使用、收益和处分的权利，不受双方收入状况的影响。

8. 依照有关法律法规对侵害妇女合法权益的行为进行处罚

《中华人民共和国妇女权益保障法》规定：违反本法规定，侵害妇女的合法权益，其他法律、法规规定应进行行政处罚的，从其规定；造成财产损失或者其他损害的，依法承担民事责任；构成犯罪的，依法追究刑事责任。妇女的合法权益受到侵害的，有权要求有关部门依法处理，或者依法向仲裁机构申请仲裁，或者向人民法院起诉。

第二章　卫生与安全常识

作为一名保姆，要想胜任工作，除了工作技能的加强外，还应掌握一些基本的安全常识，以确保自身及工作环境的安全，同时也要知道并保持良好的卫生习惯。

第一节　卫生常识

一、自身着装卫生的处理

（一）着装的基本方法

（1）保姆的着装目前还没有统一的要求，可依据服务家庭的着装习惯并结合自身的经济状况穿着适宜的服装。

（2）衣着必须清洁、整齐，不要衣不系扣或服装皱褶过多。

（3）鞋袜要整齐卫生，经常换洗，做到着装卫生清洁。

（4）由于保姆的工作内容较杂，可以根据具体的工作情况，准备一些辅助衣服。比如防尘罩衫、围裙、套袖以及护理婴儿、病人时的专用服装等。

（二）着装原则

1. 着装与工作职业相适应

保姆要做到着装整齐，在服装的选择上首先要考虑是否与自己的工作角色相适应。保姆的工作地点主要在雇主的家里，要帮助雇主家从事家务劳动，因此选择的服装应和所在的环境、氛围相适应，以便自己干好雇主交代的家务。

2. 着装与自身条件相适应

人们追求服饰美，就是要借助服装之美来装饰自己，通过服装的款式、颜色、质地等因素的变化使个体形象趋于完美。因此在选择服装时，要对自身的年龄、体型和经济状况等情况有一个充分的了解。在身材方面还要分析自身的长处、不足和特点，有意识地规避自己的缺点，并针对自己的欠缺用服饰予以弥补。

3. 着装与季节温度相适宜

穿衣戴帽的基本功能主要在于保暖和保护身体。所以保姆要根据四季与工作场地的温度变化来选择合适的衣服。不同的季节气候条件要选择合适的衣服，随着温度的变化加减服饰，以保证健康舒适地投入到家政服务中去。比如，冬季室内外温差较大，外出应当注意防寒保暖，进入室内应当去掉外衣便于工作；夏季外出时应注意消暑防晒。

（三）注意事项

1. 着装不能过于随意

保姆虽然在家里工作，但是穿着也不能太过随便，要注意在雇主及宾客面前的形象。那些太过紧身、包裹躯体、突出自身线条的服装，以及太过单薄、过于暴露肢体的内衣服装（如低胸、超短裙、肚脐装等），都不可以穿。

2. 要穿袜

若雇主家进屋后都换拖鞋，也要每天都穿袜子，光着脚或露出脚趾去接待宾客是非常不礼貌和不雅观的行为。

3. 着装整洁是最基本的要求

每位雇主都希望自己请到的保姆讲卫生、爱清洁。保姆到雇主家不但要把雇主家里里外外收拾得干干净净，也要把自己打扮得清清爽爽、干干净净。最基本的要求就是清洁、整齐。不管是夏装、冬装，或是内衣、外衣，还是衣服、鞋帽，都要经常换洗。要经常注意衣服的领口、袖口的卫生，特别是夏天，衣物、袜子要每天换洗。遇到节日或雇主家有贵客来访时，也应换上整洁美观的服装。

4. 根据工作需要，应当穿戴相应的保护用品

例如做清扫工作时，应当穿保护服或戴上围裙、工作帽和套袖等。不可穿有污染的衣服下厨房或是进卧室抱孩子。

二、个人日常卫生的处理

（一）保持身体清洁卫生

1. 勤刷牙

每天早、晚必须坚持刷牙，以保持口腔清洁卫生、无异味。

2. 勤洗脚、剪脚趾甲

每天在睡前一定要用温水洗脚，每周应当修剪脚趾甲一次。

3. 勤洗澡

如果条件允许的话，在夏季每天要冲洗一次，条件有限的也要每天擦洗。即便是冬季也要勤洗澡。

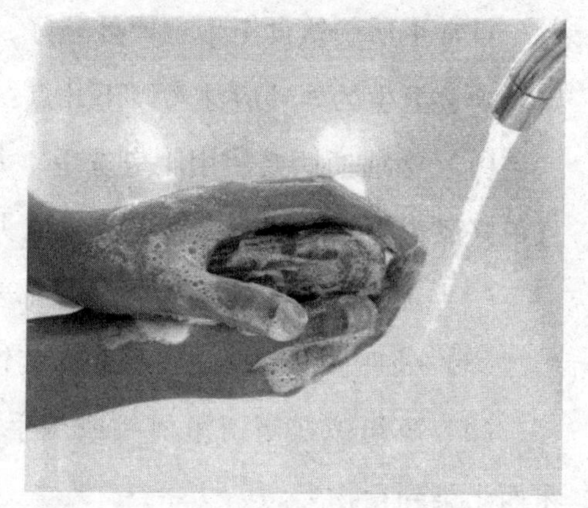

勤洗手

4. 勤洗手

特别要注意做饭前，以及触摸食品、接触婴幼儿之前，一定要用肥皂或洗手液进行洗手，并冲洗干净。不宜留长指甲或涂指甲油。每周至少修剪一次指甲。

5. 勤洗头、梳理头发、剪发

保姆的工作必须保持自身头发的清洁卫生，每周应当清洗头发1~2次。不宜留长发，头发过长不仅会影响工作，还不卫生。更不能披头散发，必须要梳理整齐，工作时应捆扎利落。

（二）注意月经期的卫生

来月经前，要准备好月经带以及卫生纸或卫生巾，并将情况告诉雇主家的女主人，请她帮助和指导，并可按照雇主的实际情况，在生活上、工作上请求雇主的理解。

三、饮食卫生的处理

日常生活中饮食卫生也要处理好，这样才能让雇主感觉放心，保姆对饮食卫生的处理应注意以下几点：

（1）饭前便后要使用肥皂洗手，尤其是制作食品前一定要洗手，且最好佩戴帽子或头巾，避免头发或头屑掉进饭菜里。

（2）无论何时，在厨房内最好都要佩戴厨帽及围裙。

（3）处理食物前要先将手表、装饰物脱去，以防掉在食物上。

（4）不可以在厨房里梳头或用手抓头，以防将头发上不干净的东西污染到食物上。

（5）由于鼻子里藏有大量的细菌，所以处理食物时不可以用手触摸鼻子或打喷嚏。

（6）不能用口、唇接触厨具，也不能在做饭时掏耳朵，避免细菌散播。

第二节　人身安全与自我保护

一、外出安全防护

1. 外出时，要做好自身的安全防护措施，具体措施可参见以下几点：

（1）外出应与雇主请假，并告诉他们自己的去向和返回时间，以备不测。

（2）不在雇主家与家政公司以外的地方住宿。

（3）外出办事后应及时返回雇主家中。

（4）要把握回家的时间，天黑之前应回到雇主家或家政公司，以免天黑发生意外。

（5）外出如果发生意外情况，无法按时返回雇主家中时，应立即通知雇主，以免他们担心。

（6）遇事要沉着冷静，想办法摆脱坏人的纠缠。可寻求路人的帮助或立即报警，不畏强势与暴力，敢于同坏人坏事做斗争。但要注意方式方法，尽力确保自身及他人的生命安全。

2. 交通安全的人身防护

（1）遵守交通法规、交通公德。

（2）行人要走人行道，在没有人行道的地方，要紧靠路边行走。

（3）横过马路时，必须走人行横道、过街天桥或是地下通道。在没有人行横道的地方横过马路时，要看清左右来往车辆，听从交通民警的指挥并注意遵守交通信号，严格按照信号指示灯行走，不斜穿、猛跑。

（4）在设有护栏或隔离墩的道路上，不可以横过马路。

（5）不要在道路上聚集、打闹、追车、扒车，更不能强行拦车或抛物击车。

（6）乘坐公共汽车或出租车时，不能从车内往外吐痰、抛物或是做有碍交通安全的行为。

（7）爱护交通和市政设施，不得损坏、拆移交通和市政设施，不钻、翻、跨、倚坐交通护栏与隔离墩等。

二、单独在家时的安全防范

保姆独自在家时，应当注意以下几点：

（1）独自一人在家时，不要给陌生人开门。如果有陌生人来访，应首先问清来访人的身份，若是雇主没有明确交代，不应开门。对声称送礼、送货或是上门维修的人员，首先应查明身份，才可以将门打开。问话时，应当保持镇定，可以佯装屋里还有其他人，不要让陌生的敲门者感觉到你是单独在家。

（2）要加强自身防盗意识。外出时应关好门窗，锁门时要注意检查是否已经锁上；晚上睡觉前要检查门窗是否已经锁好。

（3）独自在家下厨的时候，要将厨房的窗户打开，保持通风，且使用中务必要照看，以防沸水溢出浇灭火焰，导致气体外泄，发生中毒事故。切忌在打开煤（燃）气灶做食物的时候中途离开。发现煤（燃）气泄漏，要迅速关闭开关总阀，打开门窗通风，忌触动电器开关和使用明火，应立即通知专业维修部门来处理。

（4）当自来水管破裂时，应当首先关闭家中的自来水总闸门，随后对破损的位置进行检查，发现问题后能够自己修理的应当尽快修复，以恢复供水；若自己没有办法修理则应通知物业部门修理，或是请专业人员上门修理。

（5）当下水管堵塞、返水时，首先应当停止用水，并将返水口堵塞，然后查找堵塞原因，能够自己处理的应当尽快疏通，若是自己无法处理的应请专业人员上门修理。

三、职业安全守则

1. 防止割伤

（1）洗碗盆内不能丢放菜刀、水果刀等任何利器。

（2）当发现有利器落下时，千万不可尝试用手接住。

（3）不能徒手收拾玻璃碎片或破碎的瓷器。

（4）不锋利的刀在用力时也可能会造成意外。

（5）极小的割伤可直接使用创可贴等处理。

（6）处理较浅、较小的切割伤时，首先是止血，可用手指压紧迫割伤部位，直至不出血为止。然后用酒精或碘酒消毒伤口周围皮肤，并涂抹消炎粉包扎便可。如果伤口较大较深，创面污染比较严重，出血较多时，应当先进行简单包扎，然后急送医院处理。

2. 防止跌伤或撞伤

（1）爬高处时要用安全梯，不可使用椅子垫高。

（2）堆物品时，不可以上重下轻。

（3）打开柜门后，离开时要记得关上，不可贪一时方便，而保持永久打开。

3. 防止扭伤

（1）拿起重物时要用腿力，腰要挺直，避免弯腰提物。

（2）如果移动过重的家用物品，应当找别人帮忙，不可勉强一人进行。

（3）当扭伤部位疼痛肿胀，关节活动受限，甚至出现强迫性体位歪斜时，应当及时请医生处理，千万不要让不懂医术的人乱抻乱拽。

4. 防止烫伤

（1）拿热的器皿时，要用干布（不能使用湿布）或戴布手套去拿，不可贪一时之快。

（2）向热的汁、油、汤、水中加入其他东西时要特别小心，以免因为滴溅造成烫伤。

（3）打开蒸锅时，要先关蒸汽，过数分钟后再开，以免蒸气烫伤人。

（4）禁止在地板上放锅或其他装有热食品的用具，以免被烫伤。

（5）如果发生烫伤，应当马上用冷水冲洗伤口，以使伤口处的皮肤温度降低，然后将烫伤药等涂抹在伤口处消肿。如果烫伤特别严重，简单处理后应当及时就医。

5. 防止滑倒或绊倒

（1）地板上有水渍或食物时应当立即清理干净。

（2）玩具或杂物不可以四处散布地上。

（3）过长的电线要束好。

（4）穿合适的低跟防滑鞋，不要穿凉鞋、拖鞋或高跟鞋行走或跑。

6. 防止家庭意外触电

（1）定期检查室内的电线，看看是不是有老化、裸露等现象。如果发现电线有破损现象，应当立即切断电源，并及时通知电工修理。

（2）定期检查电源和用电设备，所有电器都要有接地线。切记手湿不可接触电源开关或电器，以免发生触电事故。

（3）使用家用电器要安全操作，不可以将电线的裸端直接插在插座上，以防触电和引起火灾。

（4）家庭使用大功率电器时，如使用电视机、收录机、洗衣机、电冰箱、电饭锅、空调等，不可以插在同一插座板上，而且插头时务必全部插入插座，以免接触不良，引起火灾。

（5）不可以长时间使用电器，电器的周围不能堆放易燃易爆物品，如酒精、汽油、煤（燃）气瓶、火柴等。

（6）使用电器的过程中如果中途发生停电，应当先关闭电源，避免恢复供电后引起火灾或是烧坏电器。

电器起火

（7）如果触电事故发生，首先应迅速切断电源，立即就地急救，以争取时间。比如关闭电源开关、拉断电闸、拔掉电源插头等。如果无法及时在开关或是插头上切断电源，应当采用与触电者绝缘的方法使其与电源分离，如用干燥的木棒、塑料棒、皮带、竹竿等绝缘物拨开电线。切不可用手直接去拉开触电者，因为触电者本身就是良好的导电体，用手直接去拉，同样会引起自身触电。

（8）如果漏电引起火灾，应当迅速切断电源，立即灭火。

7. 防煤（燃）气中毒

（1）发现煤（燃）气中毒的病人后，首先立即打开门窗，然后把病人抬到室外空气流通的地方，使其呼吸新鲜空气，并排出一氧化碳，但要注意保暖。

（2）中毒轻者，可在空气流通的地方进行休息，片刻后症状就会全部消失；中毒较为严重者，如果发生恶心、嗜睡、呕吐，甚至出现嘴唇樱红、口吐白沫等症状，应当立即送往医院进行抢救。

第三节　家庭火灾的预防措施与应急处理

一、家庭火灾的预防措施

（一）家用电器的火灾预防

只要平时注意查看各种电器及线路的使用状态，发现隐患时及时处理，就可以有效降低家庭电器火灾的发生危险。保姆应从以下几点做好预防：

1. 家庭用具的摆放

正确摆放电视机，保证其有良好的通风散热环境；家具、电线、电器等不要放在电暖器、取暖炉等电器旁边；使用电器或炉灶取暖、烘烤衣服的时候，要有人看管，并注意安全。电插座、开关附近忌堆放可燃、易燃物品。

2. 适时地切断电源

睡觉前或家里没有人的时候，要将电视机、电风扇等家用电器的电源切断；若停电，也要及时将电源切断，并关掉电器开关。

3. 检查维修

若发现墙上电闸盒跳闸、灯光闪烁、电视机的图像不稳定、电源的插座发烫、开关或电源的插座冒火星等，要马上请电工进行检查维修。切勿乱接、乱拉电线。

4. 正确使用电器

买回家的新电器，应当认真阅读其使用说明书，其安装和使用，一定要符合有关技术规范，并采取一定的防火措施。因为正确使用电器是非常重要的，尤其是电熨斗接通电源后，千万不可以离开人。

5. 及时清理灰尘

及时对电视机、空调、电冰箱等家用电器的散热板上的灰尘进行清除，以防灰尘堆积堵住散热孔而发生事故。

（二）煤气、液化气的火灾预防

煤气、液化气具有易燃易爆的特性，它们同空气混合形成的爆炸性混合气体非常容易爆炸燃烧。因此，在使用煤气、液化气、天然气时必须做到以下几点：

（1）严禁擅自更改、拆卸或迁移煤气管线、阀门、计量表具等设备，如果需要维修，应由供气所在单位负责。

（2）钢瓶必须垂直于地面，不能斜置、倒卧。因为液化石油气的残液容易燃烧、爆炸，倾斜后遇火源就会发生爆炸燃烧事故。

（3）做饭或烧水时火不宜太大，且人尽量不要离开。若是去接打电话，或是去菜市场，又或者是和人聊天，务必要先关掉灶火，以防溢出物浇灭炉火，造成漏气，发生火灾、爆炸事故。

（4）检查阀门有没有关严，胶管有没有老化、开裂；定期检查气瓶或气管阀门有没有漏气；要经常检查橡胶管的两端，并及时更换老化且失去弹性的橡胶管。

（5）气罐要与灶具分开，并且远离火种和暖气，不可以暴晒和火烤。

（6）禁止在煤气炉等炉具上堆放食品、毛巾、抹布、油漆、汽油、干洗剂等。

（7）禁止带儿童在炉灶旁玩耍，教育儿童不要摆弄煤气设备。晚上睡觉前或白天出门前，务必要检查炉灶，关好煤气。

（三）日常生活细节的火灾预防

现在大部分的家具燃度都非常高，如地毯、窗帘、床上用品、衣物、家具等，一旦遇到明火（如烟蒂），就可能燃烧，引发火灾。

（1）明火照明的时候人不要离开，也不可以用明火照明寻找物品。

（2）烟灰缸要常常清理，每次清理后，应放入少量的水。

（3）及时检查吸剩的烟头，务必要注意确定熄灭后再扔掉，禁止将没有熄灭的烟头等带有火种的物品扔在或倒在垃圾桶中或垃圾道内。切忌躺在床上看报、吸烟。

（4）点蜡烛、蚊香时应将其放在盆、碟中，且务必要注意远离窗帘、床被等可燃物。

（5）禁止在公共通道、楼道、楼梯、安全出口等地堆物、堆料或者搭建棚物。

（四）避免孩子玩火引起火灾

为预防孩子玩火引起火灾，应主要注意以下几个方面：

（1）平时应给婴幼儿讲解防火知识。

（2）禁止孩子玩弄电器设备。

（3）火柴、打火机等物品不要放在小孩可以拿到的地方，以防小孩玩火引起火灾。

（4）不可以让孩子在阳台上燃放烟花、爆竹等。

二、家庭火灾的应急处理

家庭遇到火灾时，保姆人员应当保持冷静，可以按照以下几点进行处理。

1. 及时报火警

家庭发生火灾时，应当及时报警，并讲清火灾发生的地点或住处，以及失火的原因、火势的大小、着火的物品等情况。做到报警早、损失小，一定要记得火警电话号码是“119”。

2. 迅速扑灭初期火灾

尽可能集中力量将火灾消灭在萌芽时期。一般这个时候的火头比较小，及时采取措施较为容易扑灭。比如使用家中的毛毯、被子等物品罩住火焰，然后浇水拍打。若是火势较猛，可以使用灭火器。若是火势无法控制，越燃越大，应立刻拨打119火警电话报警。

3. 先救人、后救财物

一旦发生火灾，首先要确保人身安全，尽快撤离老人、病人及小孩，然后立即急呼四邻人员进行扑救，以免延误灭火时间，造成更大的火灾。

4. 想办法逃生

如果所在建筑物的火警钟响，应当立即通知屋内人员离开。如果住在楼上，应沉着冷静，从安全通道逃生，切勿使用电梯，更不要随便跳楼。如果住在底层住宅，当门、楼梯被火封住时，可以使用棉被、毯子裹护头部和身体冲出去，或者使用绳索从窗口下滑，或是利用水管下滑到安全地点；倘若出口通道被浓烟堵住，无其他线路可走，可以贴近地面，匍匐前进通过浓烟区，且注意要使用湿毛巾或湿的衣物捂住鼻、口。如果所在的楼层太高无法脱险，应当冷静地等待救援。

火灾逃生的办法

三、几种常见火灾的处理方法

作为保姆，要了解并能够处理简单的火灾，因此介绍几种常见火灾的处理方法。

1. 地毯失火

如果火势不大时，可用脚踩灭或用湿布、席子将其弄熄；如果火势较大时，可泼水浇灭。

2. 电毯失火

拔掉插头，然后向床上泼水，切记不要在插头未拔的情况下泼水。但切勿揭起床单，否则空气进入，冒烟的床就会着火。若泼水后火势依然控制不了，应立刻拨打119火警电话报警。

3. 沙发或椅子失火

现代家具的制作材料大部分是泡沫塑料、塑料或其他合成材料，容易燃烧，燃烧时会产生浓烟及有毒气体，可迅速令人昏迷，甚至死亡。因此，切忌尝试救火，应当迅速通知家里人离开，并随手关上大门。因为外面的新鲜空气有助燃作用，所以不论是什么家具，着火后千万不要拿到屋外。即使家具只是冒烟，也不要搬动。

4. 电视机或电脑失火

及时关掉电视机或电脑，拔掉插头，机内的元件仍然很热，可能着火、迸出烈焰以及产生毒气，荧光屏显像管也可能爆炸。正确的处理方法如下：

（1）电视机或电脑如果散发出像燃烧塑料或橡胶的气味，甚至冒出白烟时，应立即拔掉插头，等待专业技师检查，之后才可以继续使用。

（2）电视机开始冒烟或起火时，要立刻拔掉插头或关掉总开关，并使用灭火毯或湿地毯、毛巾等将其盖住，这样不仅可以阻止烟火蔓延，一旦爆炸，还可以挡住荧光屏玻璃碎片，然后迅速通知消防队。切记在消防员到来之前靠近，也不要将灭火毯揭开，等候消防员到场处理。

（3）切勿对失火电视机或电脑泼水，或使用任何灭火器，即使已经关掉的电视机或电脑也一样，因为温度的突然降低可能会使炽热的显像管爆裂。此外，电视机或电脑内仍然有剩余的电流，泼水可能引发触电事故。

5. 煤（燃）气灶失火

煤（燃）气灶着火时要先关闭阀门，就近使用厨房衣物浸水后盖住，随后浇水扑打。如果可能要先将着火点附近的可燃物和煤（液）气罐及时移到安全地点，以防可燃物燃烧，阻止火势蔓延。若仅仅是瓶罐失火，并未引燃其他物品，可尽快将抹布、毛巾或围裙等沾湿盖住煤（燃）气罐瓶的护栏，并立即关闭阀门。

6. 油锅起火

油锅起火

炒菜时如果油多火大，锅内就会起火，这时不必慌乱，直接将锅盖盖上即可，以防火势扩大，然后迅速关闭煤（燃）气阀门。切记不要将锅移开，若是把锅迅速拿到屋外，反而会掀起阵风使得火势变大。同时还要注意不可用水浇油，也不能用手去端油锅，以防热油爆溅、灼烧伤人，可用灭火器灭火。若是油火洒在灶具或地面，可使用沙土盖上，或使用泡沫灭火器、干粉灭火器将其扑灭，还可以使用湿棉被、湿毛毯等捂盖灭火。火熄灭后仍应盖着锅，至少 30 分钟，待油冷却后才可以拿走，以免再次起火。若是无法灭火，应当关上所有门窗，离开失火的房间，并立即拨打 119 火警电话报警。

7. 衣物着火

衣服着火时，要立刻将着火的衣物脱下，或就地卧倒，用手将脸部覆盖并翻滚压熄火焰，或是跳入就近的水池，将火熄灭。切忌带火奔跑。

四、家用灭火器的使用方式

灭火器是一种轻巧方便的灭火工具，它适用于扑救初起火灾，控制火灾蔓延。灭火器的种类不同，适用的火灾情况也不同，其结构和使用方法也各不相同。

（一）灭火器的种类

灭火器的种类较多，常用的包括泡沫灭火器、二氧化碳灭火器、“1211”灭火器、干粉灭火器 4 种。

（二）家用灭火器的使用方法

火灾无情，保姆应掌握好灭火器的使用方法，才能在发生火灾的时候从容应对。

1. 手提式泡沫灭火器

（1）适用范围

泡沫灭火器适用于扑灭油类等可燃液体以及一般物质的初起火灾。

（2）使用方法

使用时，将灭火器的提环握住，平稳、快捷地提到火场，切勿横扛、横拿。灭火时，一手将提环握住，另一只手握住筒身的底边，将灭火器筒身颠倒过来，喷嘴对准火源，用力摇几下，就可以开始灭火了。泡沫灭火器平时应竖立放稳并防冻。

2. 手提式二氧化碳灭火器

（1）适用范围

二氧化碳灭火器适用于扑灭带电设备的火灾，以及贵重仪器、图书档案火灾与油类火灾等。

（2）使用方法

手提式二氧化碳灭火器的使用方法有 2 种，即手轮式和鸭嘴式。手轮式：一手将喷筒把手握住，另一手撕掉铅封，将手轮按照逆时针方向进行旋转，打开开关，二氧化碳气体就会喷出。鸭嘴式：使用时先将保险销拔掉。一只手握住喇叭口木柄，另一只手将鸭嘴开关往下压，二氧化碳就能喷出来了。

3. 手提式“1211”灭火器

（1）适用范围

“1211”灭火器适用于扑救电器设备、精密仪器、可燃气体等火灾。

（2）使用方法

使用时，先将铝封撕掉，拔掉安全销，一只手抱住灭火器底部，另一只手将压柄开关握住并用力往下压，喷嘴对准火源喷射，然后松开压柄，喷射便停止。“1211”灭火器平常应注意稳定地直立于干燥处，严禁磕碰。

4. 手提式干粉灭火器

（1）适用范围

干粉灭火器适用于扑灭油类、电器设备、可燃气体等引起的初起火灾。

（2）使用方法

使用时，先拔掉保险销，一手握住喷管，使喷嘴对准燃烧物，另一手拉动拉环，就可以灭火了。

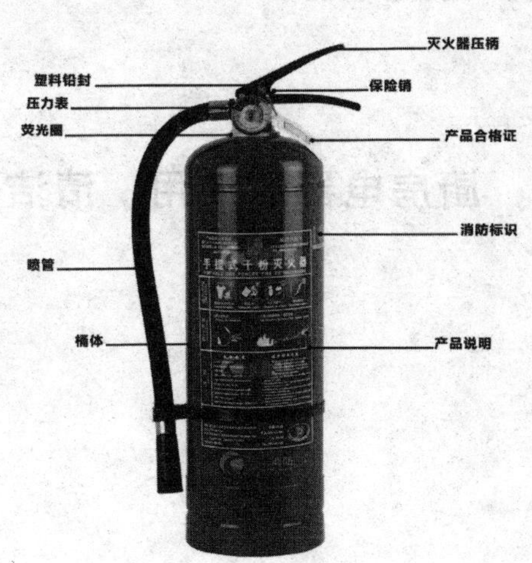

手提式干粉灭火器

第三章 家电的使用、清洁与保养

现代家庭拥有各种电器设备，大到洗衣机、电冰箱，小到电熨斗、电风扇……这些家用电器如果使用不当或不及时进行清洁保养都会影响其使用寿命。保姆应当充分了解家用电器的正确使用方法与日常保养，并掌握简单的维护技能。

第一节 厨房电器的使用、清洁与保养

一、电饭煲

1. 使用方法

电饭煲是最常用的厨房电器，其操作起来也比较容易。操作方法如下：

（1）用量杯取米，淘洗干净后放入内锅。

（2）将待煮的食物放进内锅，加入适量的水，然后擦干内锅的外表面，且外锅也不能有水，以防因水造成电路短路。

（3）放平稳后，将内锅轻转几下，确保内锅底部与电热板接触良好，盖好锅盖，安排好适当的程序，然后将电源插上。

（4）当锅内食物煮好后，即会听到“咔嗒”一声，电饭煲自动切换到保温状态，等待几分钟便可拔去电源。

2. 注意事项

使用电饭煲煮饭、煲粥、蒸食物都非常方便、简单，但在使用中一定要注意以下几点：

（1）内锅一般都是精密加工而成，只有与电热板接触良好时，才能将食物做好，故要轻拿轻放，不可以经常磕碰电饭煲。尤其是内锅锅底和电热板板面不能磕碰，因为电饭煲内锅受碰后易发生变形，内锅变形后底部就无法与电热板很好地接触，这就会影响电饭煲的热效率，易煮夹生饭。忌用内锅洗米。

（2）内锅不倾斜放置，外壳及电热板表面不要附有水点、饭粒及其他杂物，以免导致内锅与电热板接触不良，造成电器部件烧坏。

（3）内锅不可以放在其他炉子上加热，否则易变形。

（4）不可取出内锅就接通电源。没有内锅就通电，电热盘易过热烧毁。同样，要避免空烧内锅。

（5）电饭煲不宜煮酸、碱类食物，也不可将其放在有腐蚀性气体或潮湿之处。

（6）放入内锅后，才能接通电源，取内锅的时候，要先将电源插头拔出，以确保安全。

（7）煮饭、炖肉时应时刻注意查看，不可离开，以免大量汤水外溢而损坏电器元件。

（8）盛饭时要使用随锅附带的饭勺，千万不可以使用金属饭勺，以免破坏内胆。

（9）煮饭时，蒸气口非常灼热，切勿将脸或手靠近蒸气口，以免烫伤。

（10）煲体的煲盖严禁用水冲洗，或是将其浸泡在水里，以免造成其电器绝缘性能破坏，发生危险。

电饭煲

3. 清洁保养

（1）从电饭煲内取出内锅、蒸笼，用洗洁精洗干净并用清水冲洗，然后使用干软布擦干。切忌用钢丝球等金属刷或其他粗硬的洗具擦洗内锅，以免损伤内锅防黏涂层。

（2）电饭锅外壳切忌浸水。附有脏东西时，可使用柔软湿布擦净。

（3）电饭锅的锅盖、气口、溢水处每天都要清洁，四周的橡胶密封填充圈也要经常擦洗。

（4）饭粒或其他杂物可能会附着在电热板上，应使用细砂纸将杂物磨掉，并用干软布将其擦干净，以确保内锅和电热板的充分接触。

二、微波炉

微波炉可以对食物进行加热或解冻，是现代家庭喜爱的厨房电器，其使用非常便捷。

微波炉

1. 使用说明

（1）使用微波炉加工食物，一般先将食物装入专用容器中，然后放入微波炉的转盘上，关紧微波炉的炉板门，若听见“咔”的声音，就表示已紧闭。然后接通电源，重新按下主控面板上的“开始”键即可。

（2）也有手工操作或自由调节的微波炉，这类微波炉则需要自己先选择档位，如高火、中火、低火，然后根据实际情况选择所需的时间，最后按“开始”键。

（3）微波炉的加热时间与材料和用量、食物的新鲜程度以及食物的含水量有关。加热大块食物或数量较多的食物时，加热一段时间后可按“暂停”键，打开炉门，取出翻一下，以使食物均匀受热。然后再放回转盘上，关上炉门，重新按下“开始”键继续。

2. 注意事项

（1）微波炉应放在空气流通的平台上，后部应留有不少于 10 厘米的空间，顶部应留有不少于 5 厘米的空间。不要放置在高温、潮湿的位置，也不能将有磁性的物品放在炉内或靠近炉子，以免影响使用效果。

（2）使用微波炉一定要选用合适的器皿。加工食物时，不宜将食品直接放到玻璃转盘上烹调，必须使用耐热的陶瓷、玻璃或耐热塑料做成的容器。切记不可使用塑料、漆器、竹器、金属餐具等不耐热的容器，也不宜使用带有金属花纹的容器，以免通电后金属制品反射微波干扰微波炉正常工作，进而导致微波炉损坏。

（3）微波炉对加工的食物有一定要求。切记不可用微波炉加热如瓶装、袋装、罐装食品，以及栗子、鸡蛋等带皮、带壳的食品，以免爆炸污染或损坏微波炉。若要对其进行加热，必须在外壳或窗口处留有气孔。密封的瓶子则应先将瓶盖打开，但窄口瓶不可直接加热。牛奶、油炸物也不能加热。注意转盘的最大负载重量不可以超过 5 千克，所以每次加热的食物不宜过多过厚，最好不要超过容积的 1/3。

（4）使用微波炉时，应切实保护好炉门，以防因炉门变形或损坏而导致微波泄漏，对人体产生辐射伤害。微波炉运转时，禁止放入任何物品，尤其是金属物品，更不能在炉门未关闭时，试图启动微波炉。同时，不要将眼睛靠近微波炉 5 厘米之内，去查看磁控管及其他电路部分，由于眼睛对微波辐射最敏感，以免受到不必要的伤害。

（5）为防止微波炉起火，切记不可过分烹煮食物。

（6）使用保鲜膜覆盖加热食物时需要留有小孔，以免爆破，特别是油性较大的食品。在微波炉工作时可以随时打开炉门，对食物进行检查或翻转。然而因加热管温度很高，打开炉门时切记不可直接用手接触加热管，应戴上专用隔热手套，方可翻转或搅拌食物。取出已煮食物时，也要戴上隔热手套或使用专用锅夹。

（7）微波炉停止运作时，要将定时器旋转至“停”的位置。使用烧烤型微波炉时，分隔开食物与加热管。

（8）冷冻食品须先解冻再烹调，避免食品外熟里生。

（9）不得空载使用微波炉。因为微波无法被吸收，这样容易损坏微波炉。

（10）炉门开关时要轻，以免用力过猛造成密封装置损坏，导致微波泄露或缩短炉门的使用寿命。

3. 清洁保养

微波炉要保持清洁，需要经常清洗。清洗时，请注意先关闭微波炉，并拔下电源插头。清洗微波炉时，可用水或稀的清洁剂清洗机身内外的污渍，切勿使用金属刷清洗，以免磨花或刮损内壳。日常使用后，应立即使用软布、温水及温和的清洁剂将炉门上、炉腔内及玻璃盘上的脏物擦掉，此时最容易擦干净。若日常没有及时清洁，或者有顽固污渍，可先将一杯水放到微波炉中煮几分钟，将水加热成水蒸气，水蒸气会使污垢软化，然后用湿布擦拭即可。炉内若有异味，可在一碗水中加入几匙柠檬汁，然后放到转盘上煮几分钟，之后用布擦拭干净除味。

三、煤（燃）气灶

煤（燃）气灶是每个家庭必备的厨房器具。

1. 使用方法

（1）首先，将煤（燃）气开关总阀打开。

（2）按紧灶具开关旋钮，逆时针方向旋转至开，当灶眼喷出火苗后持续压稳 3~4 秒钟，待火苗燃烧正常后松开开关即可。如松手后炉火熄灭，再重复上述动作。

（3）按照实际烹调需求调节火力。按照逆时针方向旋转到底即高火，点燃后的炉头的火力调节无须手压旋钮旋转，只须手握，轻轻地在顺时针或逆时针之间旋转，便可以获得高火、中火、低火。

（4）不使用时，将开关旋钮沿顺时针方向旋转至初始位置，火即熄灭。

（5）最后，务必将煤（燃）气开关总阀关闭。

煤（燃）气灶

2. 注意事项

（1）煤（燃）气罐要直立放在容易搬动的地方，不可平放或倒放。安放位置应当选择阴凉、干燥、通风，以及远离火、暖气片的地方。

（2）使用时，室内要保持通风，不能长时间关闭厨房门窗。

（3）煤（燃）气灶旁边不要摆放抹布、食油、纸张等易燃物品，更不能用来烘干毛巾、衣物等，避免发生火灾意外。

（4）使用煤（燃）气灶烧水、煮粥、煮牛奶等的时候，人不可以长时间离开，以防溢出时浇灭火焰造成危险。煤（燃）气如果泄漏，切不可点火，以免发生爆炸。

（5）使用时切勿外出或就寝，每次使用后，切记关掉煤（燃）气阀门。

（6）使用中或刚熄灭后，避免用手触摸炉具、锅架、托盘等，因其温度很高，以免烫伤。

（7）要经常检查灶具、气罐及管路连接处有没有漏气的地方，可用肥皂水涂抹各个需要检查的部位，如果发现起泡就说明漏气，应及时修理。

3. 清洁保养

（1）每次使用完后，应及时使用温软布蘸中性清洁剂擦洗灶具表面。如果长期积累的污垢难以清洁，可选用强力厨房去污剂去污。

（2）燃烧器的活动部分，比如内外火盖、喷火器，需要经常用热水及中性清洁剂清洗，除去烧结硬块，再用布擦干后使用，以确保火孔没有结块、不堵塞。

（3）长期不使用时，要将炉具的污垢清除干净，拆下胶管，同时将胶管煤（燃）气接口用帽盖盖好，以免引起事故。

四、抽油烟机

抽油烟机已经成为现代家庭常用的厨房设备，它使厨房环境得到改善，减少了油烟对厨房环境与人体健康产生的伤害。

1. 使用方法

（1）将电源插头插入插座中，接通电源。

（2）在关机状态下，按下“强”、“弱”键，可以启动抽油烟机，使抽油烟机在强风、弱风状态下运行；“强”、“弱”键能够互锁。

（3）“灯”键是单独对照明灯进行控制的，按一下灯亮，再按一下灯灭。

（4）在开机状态下，按下“关”键，停止正在运行的抽油烟机。

2. 注意事项

（1）使用抽油烟机时，房间务必通风良好。

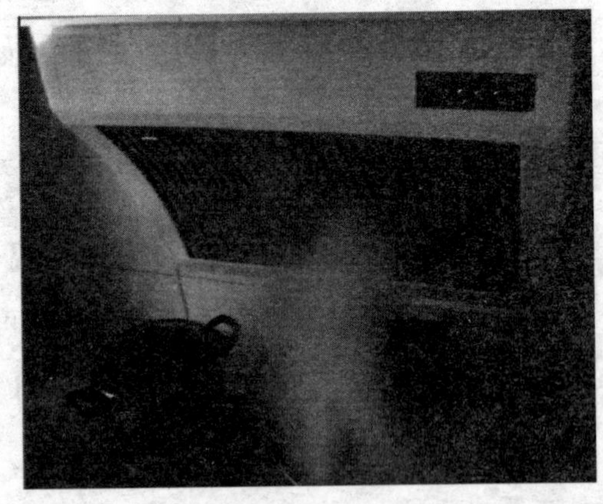

抽油烟机

（2）每次煮食后，可继续保持抽油烟机开动 15 分钟，然后再关掉，且注意不要只开几分钟就关掉，应在烹调一开始就打开，直至整个烹调过程结束。原因是为了使厨房空气清新，使油渍不会积聚在抽油烟机内。

（3）注意不要使用炉火直接烘烤抽油烟机。

（4）更换灯泡时，请先将电源拔掉，每只灯泡功率要小于或等于20W。

（5）若电源软线损坏，更换时必须使用专用软线，或是从其制造厂或维修部购买专用组件。

（6）长时间不使用时，要拔掉电源插头。

3. 清洁保养

（1）定期清洁抽油烟机的外壳，以防聚集油渍。清洗时，要戴上橡胶手套，避免被金属件割伤，拆下的零件要注意轻拿轻放，以免变形。

（2）清洗风轮时要特别小心，不能碰撞变形或挪动叶片的配重块，以免造成整机振动，噪声增大。

（3）聚集着油渍的过滤网一定要清洁或定期更换。清洗时，可以在过滤器上贴上一层保鲜膜或套上一只小塑料袋，并确保塑料膜或塑料袋完全将其内表面盖住，日后只需更换保鲜纸而不用清洗过滤网。

（4）保护扇叶片的油网。可用螺丝刀将其慢慢卸下来，然后喷上油烟净后放进塑料袋中，放置15分钟后取出，在盆内注入80℃的热水，然后将油网放进盆内用抹布仔细清洗。或者将除油剂喷向转叶，静候2~3分钟，然后开启抽油烟机，再对着转叶上方喷除油剂，一直开动15分钟，油污便会逐渐流入油杯，关机后，取下油杯清洗即可。如果油网上的油垢很厚，也可使用薄竹片轻轻刮下一部分油垢，然后再进行清洗。至于机身，可使用去重油渍的清洁剂进行擦洗。

五、电冰箱

电冰箱是现代家庭中不可或缺的家用电器，它能够起到食品冷藏、保鲜的作用。

1. 使用方法

电冰箱一般分为三层，一层是冷冻室，用来冷藏冷饮、速冻食品等。一层是变温室，用于储存既要冷冻又不宜深冻的食物。另一层是普通冷藏室，可以存放牛奶、鲜肉、蔬菜、水果、鸡蛋等。

冰箱柜门壁上的架子，最上层是贮存鸡蛋的，下面几层可以存放各种调料品、饮料等。

2. 注意事项

（1）热的食物不可以放入运转的冰箱内，需凉透达到室温时再放入。

（2）存放食物不宜过满、过紧，必须按食物所需的不同冷藏温度分别进行存放，且存放的食品之间、食品与箱壁之间要保持一定距离，以利于冷气流动，减轻制冷系统的负荷，节省电量，从而延长冰箱的使用寿命。

电冰箱

（3）冰箱使用时，不要经常打开箱门，尽量减少打开冰箱门的时间和次数，以免热空气进入，额外增加压缩机的工作量。每次关门时都要关紧，要保持箱内的低温状态。不然不仅会白白耗电，还会烧坏相关装置。

（4）冷藏食品一般不超过5~7天，取出的食品如果发现有发霉、腐败、变味就不能再食用。

（5）从冰箱中取出的熟食要经过加热或微波消毒后再食用。如果食用前不彻底加热，食用后就可能致病。

（6）水果、蔬菜及其他生食品要洗净并把其表面的水分擦干后才能放入，生鱼及鸡鸭类要除去内脏，用清水洗净，然后用塑料袋或保鲜纸包好贮存，以免有异味，相互污染，不利于保持鲜度。

（7）按照食物存放的时间、温度要求，合理地利用冰箱内空间。在存放不同种类的食物时，最好用保鲜袋封装，分开放置。冷冻室内的食品也最好使用塑料袋小包包装，这样能够很快冷冻。

（8）切记食物不可生熟混放在一起，以防细菌污染。且不能把食物直接放到蒸发器表面上，要放到器皿里，以免和蒸发器冻结在一起，不便于取出。

（9）存储食物的电冰箱不适合同时储藏化学药品，且不能将瓶装液体饮料放入冷冻室内，以免冻裂包装瓶，应该放在冷藏室内或门搁架上。

（10）中药材放置在冰箱时，一定要严格密封。如果中药材裸露放在冰箱里，会吸收其他食物的水分，从而破坏其药性。

（11）要合理调节温控旋钮，可根据季节、环境温度、使用情况来进行适当调整，以维持最佳冷藏效果。这样既保鲜食物又省电。

（12）遇到临时停电，应先拔下冰箱电源插头；停电期间尽可能不要将冰箱打开，以延长食品的保鲜时间。

3. 清洁保养

平常使用时，应保证冰箱内部的洁净，及时清除箱内的残留物。

每隔一段时间要清理冰箱内部一次（最好趁冰箱里的霜融化时），以免积存污垢，滋生细菌。

当电冰箱停止使用或暂时不使用时，应将电源插头拔下，取出箱内一切食品，并拆下箱内附件，用清水或洗洁精进行清洗。待箱内冰霜融化后，用温水或中性洗涤剂清洗冰箱内外并擦干，切勿使用热水和粗糙有腐蚀性的清洁剂。当对冰箱的开关、照明灯及温控器等设施进行清洁时，要将抹布或海绵拧得干一些。而且还应注意清洗门封胶条，将10倍的水稀释漂白剂后用牙刷沾湿清洗，最后用水将漂白剂冲去。清洗干净后将箱门稍稍打开，让冰箱充分干燥后再关闭冰箱门。

冰箱背面或底部冷凝器与压缩机上的灰尘也要经常清洁。可使用吸尘器或毛刷进行除尘，注意不可使用湿布去擦拭冷藏器与压缩机上的灰尘。同时，还要注意清洁隐藏在冰箱底部地板下的垃圾和尘埃。

使用冰箱时，要经常进行除霜，当结霜厚度达5~7厘米时，需要进行人工除霜。但忌用金属工具刮铲，避免损坏蒸发器。

清洁完毕后，插上电源，检查温度控制器有没有设定在正确位置，并确保冰箱与墙壁之间要保持适当的空间，以便空气流通。

六、电热饮水机

电热饮水机属于家庭常用电器，一些饮水机不仅能加热，还能制冷。

1. 使用方法

（1）将电源插头插入插座，接通电源。

（2）饮水机电源开关开启，指示灯变亮，表示饮水机处于工作状态。

（3）开启“加热”键，红灯变亮，饮水机开始加热。待热罐内的水加热到设定温度时，红灯自动熄灭，绿灯变亮，饮水机进入保温状态。这说明饮水机加热完成，可以饮用里面的水了。

（4）一旦热罐内饮用水温度达不到设定温度时，饮水机就会自动重新加热，如此循环。

（5）饮水机上设有两个水龙头，一般红色指热水龙头，绿色指冷水龙头，根据个人饮水习惯可任意选择。

（6）饮水机不用时，要注意将电源开关关闭，同时将插头拔掉。

2. 注意事项

（1）饮水机如果长时间不用，应先将电源开关关掉，并拔掉电源插头，然后旋开排水阀，将机内余水排掉，再将排水阀旋紧（排水过程中要注意防止热水烫伤）。

（2）夜间不用时，应切断电源，这样既节能又安全。

（3）饮水机要置于通风处，防潮，避光，远离暖气。靠墙放置时应距墙面约 15 厘米远。此外，饮水机应避免放在贵重家具及其他家用电器旁，以防溅水损坏物品。饮水机要平稳放置，以免机器发出噪声。

（4）不要让小孩在饮水机旁玩耍，如果觉得有必要，可将热水龙头换成安全型水龙头，以免烫伤小孩。

（5）接水时，不要过分用力按水龙头开关，以免水龙头开关脱落或损坏。

（6）一旦发现电源线破损，务必更换专用软线或联系经销商进行处理。机器所用插座必须带有接地装置和漏电保护器，以免外壳带电。

（7）机器背板通风窗中不要插入金属棒，以防造成风机损坏或触电；风机通风窗也不要遮盖，防止因排风不畅、散热不良而导致半导体制冷组件受损。

3. 清洁保养

（1）饮水机使用时要注意定期清洗、消毒、除垢。清洗时，饮水机内胆要使用专业的清洗剂。

（2）关于清洗周期，可根据具体情况，建议 3 个月左右清洗消毒一次，使用时间超过 1 年，最好请专业维修人员来清洗饮水机内胆。

（3）饮水机开关处的后壁只用抹布擦洗还不够，还要用酒精棉擦洗。

（4）饮水机机体表面一定不能用汽油等有机溶剂清洗，可用软布擦拭。

（5）要及时将集水盒里的水倒掉，并用洗洁精擦洗干净。

七、高压锅

高压锅是一种利用气压以缩短烹调食物时间的厨具，具有极好的密封性。若使用不当，也会造成伤人、毁物事故的发生，所以使用高压锅时应当特别小心。

1. 使用方法

每次使用之前，应当清洗干净锅盖、锅身及手柄等处，以便合盖。合盖前应当先检查排气管是否畅通，防堵罩的清洁状况，安全阀是不是完好，浮子是不是能自如活动，并处于落下的位置。加盖的时候，上下两个手柄必须要完全重合。

合盖后就可以用旺火加热，等到看见有少量蒸气从排气管慢慢地排出时，再扣上限压阀，随后浮子就会升起来，待排气管开始“嘶嘶”地排气后，可以适当减小火力，并保持排气至烹调完毕。

烹调完以后，可以将其放在室温下进行自然冷却，如果要立即食用，可采取强制冷却的方法，也就是用水淋或浸在水里进行降压。冷却之后，就可以轻轻提出限压阀，放掉剩余气体。

如果看见排气管没有排出蒸气，浮子是落下的，就可以按照逆时针方向打开盖子。如果浮子，也就是保护装置的阀芯没有落下，证明锅内还存在压力，这时气压连锁装置将起到保险作用，无法打开锅盖。切记不可以强行扳动把手、应当用筷子将指示阀往下压，待锅内剩余的空气排净，才可以开盖。

2. 注意事项

使用高压锅时，应当注意以下几点：

（1）使用之前要仔细检查锅盖的限压阀气孔是不是畅通，安全阀是不是完好。如果发现堵塞，应当及时疏通或更换。

（2）烧煮的时候，锅内的食物不能超过锅子容量的4/5；加盖的时候，要注意旋入卡槽内，且上下柄要对齐。

（3）烹饪时，应当等蒸气从排气孔稳定排出后才可以压阀。等锅内气压完全消失，方可将压力阀取下，打开锅盖。注意脸不能对着排气孔，避免汤汁喷出伤人。

（4）在煮大块排骨或整块的鸡、鸭时，应当将一只干净的铁网压放在上面，避免食物漂起堵住排气孔。

（5）每次使用完后，要将排气孔降压阀的橡皮圈以及安全阀座下的小孔清洗干净，以防堵塞。

（6）如果发现安全阀排气，应及时更换易熔片，切记不能擅自用其他物品代替。

3. 清洁保养

先用水将锅内外淋湿。若使用后的锅放置时间比较长，可以将其放入水中浸泡 5 分钟左右，再倒入少许洗洁精，并用软刷子进行刷洗，然后用清水冲洗干净，自然晾干就可以了。

锅盖与锅体的咬合面以及橡胶垫圈一定要清洗干净。另外，切勿用刀刮、用铲子铲、用铁丝球和砂纸进行擦洗，避免损坏锅体。

第二节　日常家用电器的使用、清洁与保养

一、洗衣机

洗衣机是现代家庭必备的生活家电，其用来进行日常衣物的洗涤。

1. 使用方法

（1）洗涤前要将排水管放下，然后接好进水软管，打开水龙头。

（2）插上电源插头，接通电源。注意不要用潮湿的手去插、拔

插头。

（3）放入洗涤的衣物。

（4）按照机身上洗涤剂指示器的要求放入适当的洗衣粉或洗涤剂。

（5）按下“启动/停机”按钮，盖上盖子，供水启动洗衣机。

（6）听见洗衣机发出蜂鸣器的声响后，表示洗涤结束，就可以开盖晾晒了。

（7）洗衣机使用完毕后，应拔下电源插头，切断电源，关闭水龙头，并擦净洗衣机外表面的残留水滴。

2. 注意事项

（1）不要将洗衣机放置在浴室或潮湿的地方使用。

（2）开始洗涤前，必须要打开水龙头，对进水软管的连接状况进行检查，看其有无漏水现象。

洗衣机

（3）放入衣物前，要将口袋中的硬币、金属、别针、纽扣等物品掏出，防止硬币、别针等硬物进入洗衣筒。并根据质地、颜色、脏污程度而分类、分批洗涤。有泥沙的衣物应当先清除泥沙后再放进洗衣筒；毛线织物等要放入纱袋内洗涤。注意洗衣的水温不得过高，一般为30~60℃。

（4）甩干前衣物要放平稳，甩干时不要打开机盖。在完全停止转动前，切忌伸手触摸筒内的衣物。

（5）放进洗衣机内清洗的衣物不得超过规定量，且水位不得低于下线标记，否则会损害马达。

3. 清洁保养

（1）不定期打开洗槽盖以晾干机筒，以防止霉菌滋生。

（2）每次洗完后要洗净机筒。洗衣机使用时间久了，要及时清理机内残留的废水及杂物，定期使用专用的洗衣机清洁剂清除洗衣机内的污垢。清洁机器外部时，可用湿布进行擦拭，切勿用砂纸等硬物清洁。

（3）过滤网一定要洗净。要经常清除过滤器上积塞的布毛，以确保排水畅通。

（4）洗衣机使用完毕，拔下电源插头，将潮湿部位擦干，切不可使用酸碱溶剂或硬质物等进行擦洗。然后将操作板上的旋钮恢复至原位，放置于通风干燥处。最后打开机门，使空气循环流通以风干内筒。

二、吸尘器

吸尘器作为现代家庭中的家庭清洁用具，其功能日渐齐全，用途也越来越广泛，地毯、沙发、窗帘、家用电器以及其他一些物品的除尘，均离不开它。

1. 使用方法

（1）使用前首先要仔细阅读说明书，按说明书安装好吸尘器及附件。

（2）通常居室地面除尘选用直立安装，将电线插进吸尘器主机接口，然后安装上地面刷，插上插座，将电源接通，打开电源开关，并调到理想功率。一般进行地面除尘时选择 1 挡或 2 挡，需要加强清洁能力的可以选择 3 挡。

（3）清洁地面以上的地方，可以使用肩带式便携式安装，只需要将手柄拆除，按照用途配上不同附件，即可清除每个角落的灰尘。伸缩管可以清除直立式安装难以打扫的地方。

（4）换上毛刷和毡面，可以适用于硬地清洁与简易抛光；织物刷用于窗帘、布艺沙发、床垫、挂毯等的清洁；配上尖细管适用于对所有墙边、角落以及不易达到的地方进行清洁；软毛刷可以清洁百叶窗、空调滤尘网等。

2. 注意事项

（1）尽量使用墙壁的电插座，不要使用插板电源，以防意外。

（2）使用前后要检查和清理机内所积存的垃圾尘埃。若使用过程中发现集尘袋中的灰尘已满，应当停机清灰。

（3）吸尘器只能用于吸尘，切勿在潮湿的地面上使用，更不能使用吸尘器吸泥浆、潮湿的泥土、燃烧的烟灰或金属碎片，以免影响电动机寿命。

吸尘器

（4）每次重新安装前，要对接口部位和吸尘管进行检查，查看连接是否紧密，以免漏气。

（5）为避免烧坏电动机，不能太长时间开机器，连续使用时间最好不超过 1 小时，以防电机过热而烧毁电机。

（6）使用时要检查进风口与出风口是否畅通。使用过程中如果发现声音异常，应当立即关机检查。

3. 清洁保养

（1）清除集尘的同时将吸尘器主机及附件用湿布擦拭干净并晾干。

（2）集尘袋要经常保持干净，可用水洗净、晾干后备用。集尘袋过满之前就要倒尘。倒尘后用刷子轻轻刷掉集尘袋上的灰尘（除一次性集尘袋外），不可用水洗涤，否则会使织物的结构疏松，使尘埃进入马达。

（3）每次用完吸尘器后，要将刷子的毛发等杂物清除干净，并检查刷子磨损情况，如果刷子磨损掉毛，应请专业维修人员予以更换。

（4）检查吸管，要保证上面没有孔洞，以免吸管损坏会影响吸尘。

三、热水器

热水器一般分电热水器和燃气热水器两种。其加热方式不同，电热水器利用电能加热，燃气热水器利用煤气或天然气加热。

1. 使用方法

（1）电热水器

①先将混水阀自来水供水阀手柄旋开，给热水器加水。打开莲蓬头，若水持续流出，表示内胆已注满水，此时可将混水阀手柄旋紧。

②启动旋钮调节水温，一般水温可加热到 75℃左右。

③某些手动电热水器，还要调节加热功力，有“高、中、低”挡可选。

④电源接通，加热指示灯亮起，说明热水器正在加热，当热水器已加热至设定温度时，加热指示灯会熄灭，自动保温。

⑤打开热水阀，热水流出，这时可根据个人需求混入冷水，将水温调至适合自己要求的程度。一些热式（快速式）电热水器，电源接通后，轻按加热开关，电热水器会自动控温，加热到设定温度，热水器自动进行保温，这时保温指示灯亮起，热水器停止加热；当热水流出时，冷水会自动补充，随之水温会下降，当下降到一定温度时，温控器会自动接通电源加热，这时加热指示灯亮起，待加热到设定温度时又会自动熄灭，如此一直循环。

⑥关闭热水器时，要先切断接入热水器的电源，再关闭热水器的冷水进水。

（2）燃气热水器

①打开燃气阀。

②打开进水阀，水流感应器感应到水流，会自动开启点火器和微动开关控制，将主燃烧器点燃。

③大火点燃后，一般在 45 秒钟左右，就可以打开热水龙头放出

热水，这时可根据需要调节水量。

2. 注意事项

（1）电热水器

①使用前，务必确保热水器内胆已注满水，不然会干烧热水器，会造成加热管损坏。

②打开阀门使用时，喷头先不要直接对着人体。因为水温超过60℃，会造成烫伤。洗浴时要热水、冷水混合使用，将水温调到合适的温度。

③使用热水时，使用前先用手试一下水温，确保温度适合使用；结束时，要先离开淋浴区再关水阀。

④注意保持插座与电源插头干燥，防止漏电。

⑤使用淋浴时，为了防止触电，可先将电热水器开关关掉。

⑥洗浴时注意不要使喷出的水淋到热水器上，以免热水器内部线路受潮而发生短路，产生安全隐患。

（2）燃气热水器

①每次使用前，都应检查安装热水器的房间窗户或排气扇是否打开，通风是否良好。最好不要长时间连续使用燃气热水器，若多人洗浴，应间隔一定的时间。

②使用时，拧开进水阀后，若发现主燃烧器未被点燃而又有燃气溢出，应马上将进水阀关掉，稍等一会儿再开。如多次均不能点燃主燃烧器，应停止使用，联系维修人员进行检修。

③热水器使用后，千万不要忘记关掉燃气阀门。应时常检查供气管道（橡胶软管），确保完好，无老化、裂纹，以防煤气泄漏。

④热水器附近不要放置易燃物品和挥发性物品，排气口和供气口

上严禁放置毛巾、抹布等易燃品，以防发生火灾。

⑤当闻到燃气臭味时，应马上关闭燃气阀门，并打开门窗，将燃气排走。

⑥使用过程中间断再用时，应注意刚流出的热水的温度，防止烫伤。使用中以及刚使用完，除旋钮外，不要用手触摸其他部位，因为热水器本身温度较高。

3. 清洁保养

（1）电热水器

①清洗保养前，要先拔下电源插头。定期排除内胆污水。排除内胆污水时，要先关闭进水总阀，再打开热水阀，然后扳动安全阀排水手柄，将污水排出即可。

②定期清洗莲蓬头出水小孔，以免杂质堵塞，造成出水不畅。

③日常清洗机体表面时，不可使用强力清洁剂、汽油等物擦洗，也不能用水喷淋，可用湿抹布或干抹布擦拭。

④寒冷地区，冬季长时间不用，应将内胆中的水排干，以免造成内胆冻裂。

（2）燃气热水器

①时常用湿布清洗外表脏物、污垢等，然后用干布擦干，难以清洗的污物可用中性洗涤剂清除。

②定期清洗进水阀过滤纱网，以免造成进水阀堵塞。可将进水管路拆开，将过滤纱网取出来清洗。

③热交换器隔半年要检查一次，发现灰尘或脏物时要及时清理干净。

④热水器上的塑料制品、印刷面、喷涂面等，不适合用强力洗涤

剂、汽油等来清洗。

⑤确保点火电极部位干净，发现脏物及时用干布擦除，以保证点火质量。

⑥如热水器长期不用，务必切断电源，将电池取出，并将防冻装置打开，排干里面的水。

四、空调

空调已成为现代家庭中的常用电器，夏季用来降温去湿，冬季用来增温保暖。

1. 使用方法

(1) 接通电源，启动“开关”按钮，空调器开始运行。

(2) 按“模式”键，选择所需运转模式。运转模式一般有：自动、制冷、除湿、制热、送风等。每按一次，即出现一种模式。

(3) 按“风速”键，设定风速。风速种类一般有“自动、低风、中风、高风”等，每按一下，风速即会出现变化。

(4) 按“温度”键，设置所需温度。

(5) 按“扫风”键，导风板会自动扫风，再按一下，扫风停止。

(6) 按“睡眠”键，设置睡眠状态。

(7) 按“定时开关”键，设置预约时间。

(8) 按“开关”键，空调关闭。

空调既可在控制面板上手动操作，也可用遥控器操作，使用方法大致相同。

2. 注意事项

（1）使用空调前要先将其过滤网上的积尘清洗掉。

（2）千万不要将手指或棒状物伸进室内外出风口，以免造成伤害。

（3）日常使用时，温度不要设置得太低，切记不可让身体对着冷气吹太久，这样对身体不好。运转模式最好设成自动模式，这样既可快速制冷，又能省电。

（4）不要长时间紧闭门窗以空调来升温降温，要时不时打开门窗通风换气，使室内空气保持流通和新鲜。

（5）切记不可使空调器对着暖炉器具吹，不然会造成暖炉器具燃烧不完全而产生一氧化碳，使人体中毒。

（6）空调在工作时，不可朝着它喷洒杀虫剂或挥发性液体，不然会导致漏电，造成人身伤亡事故。

3. 清洁保养

（1）清洁空调前，务必关机并切断电源，以免发生触电危险。不可将空调器弄湿，以防触电。切记任何情况下都绝对不能用水冲洗空调。

（2）在清洗过滤网上的积灰前，应先拔掉电源插头，再打开进风栅，将过滤网取出，用水或吸尘器进行清洗，用水清洗时水温不可超过 40℃，可用热湿布或中性洗涤剂清洗，然后用干布擦净，注意不能用杀虫剂或其他化学洗涤剂清洗过滤网。如果过滤网太脏，可先用除污剂或中性肥皂水进行清洗，再用清水冲干净，晾干重新装好。不可在火上烤干，否则过滤网会着火或变形。过滤网一般每隔 3 个月清洗一次。如果空调器使用环境灰尘过多，过滤网清洗次数应增加。

（3）不要用玻璃清洗剂或含有化学物质的布清洗遥控器，可用干布清理。清洁后要装入两节型号相同的新电池。

（4）室内机组表面要经常清洗，可用软毛刷子、水和中性洗涤剂进行清洗，然后把水甩干或晾干。绝对不可直接用水冲洗。也不要用高于40℃的水清洗，以免机体表面褪色变形。

（5）空调的室外机换热器出现脏堵，会使空调制冷热效率降低，甚至造成压缩机受损。出现这种情况时，要请专业人员来清洗。

（6）一般来说，在夏季使用前或冬季使用后要对空调进行一次全面的清洗，以彻底清除空调内的细菌。

五、取暖器

取暖器是一种用于家庭取暖的电器设备，其型号多为小型，一般用于卧室、浴室。

1. 使用方法

取暖器品种繁多，通常的使用方法如下：

（1）接通电源。

（2）打开取暖器开关，按下“加热”挡，一般分“强、中、弱”等挡位，可根据需要进行选择。

（3）按下“风速”键，其风向可进行调节。

（4）不用时，注意关闭开关，切断电源。

2. 注意事项

（1）不可在取暖器上覆盖任何物品。因为取暖器表面温度很高，若有物品覆盖，会导致热量无法及时散发，造成烧机或引燃其他物品。

（2）在浴室中用取暖器供暖时要特别小心，以防电源遇水引起不良后果。

（3）使用专用烘衣架烘湿衣服时，务必把水弄干，以防水滴进入取暖器控制盒带来不良后果（防水型的除外）。

（4）取暖时不要靠取暖器太近，脚和手也不要放在散热片上，以免被烫伤。尤其不要让身体的某个部位对着取暖器的出风口进行加热，因为长时间会灼伤皮肤。

（5）冬季室内用取暖器取暖，环境会变得干燥，所以应注意保湿，可放几盆清水或经常拖地、使用加湿器等。

3. 清洁保养

（1）用软布蘸家用洗涤剂或肥皂水擦洗取暖器是清洗取暖器的最好方法，不可用汽油、甲苯等释溶剂，以免损坏外壳，影响美观或生锈。

（2）取暖器上的取暖片、防护罩不易清洗，可用简易型喷雾器进行喷洗，再用干软布擦干。

六、电熨斗

电熨斗是家庭熨烫衣物的日常用品。

1. 使用方法

（1）注水

①用熨斗配套的水杯注水，蒸汽熨斗最好是注入纯净水，如果长时间使用自来水，从喷气孔里会喷出白色水垢，长期如此就会将喷气

孔堵住。

②注水之前必须切断电源。

③逆时针方向拧开塞子，用量杯将净水注入水箱。不要让水量高于熨斗竖放时的最高水位线。

④注好水后将塞子拧紧。

（2）加热熨烫

①将插头插入插座，接通电源，注意电压是否与熨斗电压相符。

②调节调温盘，设置衣料熨烫所需的相应温度，开启熨斗开关。

③指示灯亮起，说明底板正在加热。指示灯熄灭，说明已达到熨烫温度，自动进行恒温控制，这时可以进行熨烫了。

④按下“蒸气”旋钮，会喷出水蒸气，可按标志调节按钮，使水蒸气量增大或减小。一些熨斗竖放时，蒸气会自动停止。

（3）加水、排水

①随着使用，水位降低，会导致蒸气不足，这时可按前述注水步骤注水。

②将调温旋钮调至断开位置，关掉加热开关，拔下电源插头。

③蒸气停止后，将水口盖打开，并将排水口朝下，适当摇晃几下熨斗，排出里面的水。

④熨斗排出水后，如底板仍然烫手，可将熨斗竖放或置于专用的电熨斗架上，待自然冷却后收藏即可。

现在家用熨斗一般都是蒸气式熨斗，老式电熨斗已很少使用。老式电熨斗无须注水，接通电源，直接加热即可熨烫，使用方法相比蒸气式熨斗更为简单。

电烫斗功率较大，当电烫斗温度过高时，千万不可用冷水冷却，以免损坏电熨斗，造成触电事故。可将电源插头拔掉，自然降温冷却。

2. 注意事项

（1）使用电熨斗，要视不同衣物的质地选择相应的温度，以防造成衣物损坏。可先在衣物上垫放一块干净湿布再进行熨烫。

（2）电熨斗通电时，使用者切记不可离开，也不可让小孩碰触电熨斗。

（3）给电熨斗注水时，最好用纯净水，如果使用自来水，应先煮开，冷却后再使用，以免生成水垢，堵塞电熨斗蒸汽孔道。

（4）注水、排水时，务必先切断电源。

（5）使用时，切勿剧烈晃动，切勿颠倒熨斗，以免水漏出。

（6）熨斗加热时，切勿将电线绕其上，以免造成电线受损，电线一旦出现磨损，务必及时更换。

（7）熨烫衣物期间若暂停，电熨斗要竖放或置于专用的电熨斗架上，切不可将其放在易燃物品上。

（8）电熨斗不可长时间使用，以防电熨斗过热损坏衣物。

（9）使用完后务必切断电源，尤其是遇到临时停电或出现故障时，更要如此。

3. 清洁保养

（1）清洗电熨斗时，不可用百洁布、钢丝绒等粗糙的物品，最好用海绵蘸上温水及洗洁精溶液，而且主要清洁熨斗表面和底面。

（2）熨斗底板上若沾染污迹，可在熨斗湿热时用橄榄油来清洁。

第四章　家庭膳食

作为一名优秀的保姆，掌握几种基本的主食、家常菜的制作方法是很有必要的。而要做到这些，首先要掌握日常食材的采买技巧，以及掌握好各种家庭膳食的制作方法，这样才能更好地胜任保姆工作，并让雇主满意。

第一节　原料的购买与记账

一、食材采购的基本原则

食材采购的基本原则主要有以下几点：

(1) 买菜购物应当去信誉好的大菜市场、农贸市场或大商场，不要光顾没有牌照的小店和熟食小贩。

（2）同时应当注意食品的卫生、质量、保存时间，切勿买假冒伪劣产品，避免给自己或雇主带来不必要的麻烦和损失。

（3）在固定的消费额内购买蔬菜，可以利用一周金额灵活安排。

（4）分量预算。计算人数，不要浪费。要考虑雇主的经济条件和预算，所以一定要量入为出，不可以随意性盲目购买。

（5）要注意均衡营养。

（6）注意雇主的饮食习惯（有没有饮食忌讳等），不要根据自己的饮食习惯进行搭配，因此应当着重了解雇主家庭成员的饮食喜好和禁忌。特别要注意宗教传统和民族习惯，要在服务雇主家事前先了解清楚。

（7）不是当季的不买，特别是生果及蔬菜类。

二、食材采购要领

1. 做到“三勤”

不管是去大菜市场还是去农贸市场，想要买到合意的菜，就应做到“三勤”，即脚勤、嘴勤、眼勤。多走几个地方，多做比较，方可心中有数。

2. 注重质量

保姆在采买农副产品原料时，无论物品的价格是高是低，首先要注重产品的质量。对所购产品要反复挑选，切勿贪图便宜，否则，即使你购买的商品非常便宜，也无质量保证。一般采购时，应当选择信誉良好、管理严格的农贸市场或大型超市，其价格可能会高点，但能够保证质量与分量。

3. 注重价格，货比三家

如今蔬菜的市场价格均已放开，不同的菜市场、摊位及时间，价格都不一样，要想买到物美价廉的商品，就要货比三家，熟悉市场，掌握行情。

三、食材采购的技巧

1. 水产品的选购

（1）鱼类

不可有异味，眼睛透明、洁净而突出，鳃色鲜红，鳃丝清晰；肉要有弹性，颜色鲜明；体表清洁有光泽，黏液少，无破烂，鱼鳞完整。

（2）虾类

头尾要完整，要有一定弯度，虾身要挺，皮壳发亮且呈青绿色或青白色，肉质要坚实细嫩。

（3）蟹类

①海蟹一般都是死蟹，关键是要挑选新鲜肥壮的。具体方法有：一看：蟹的背甲壳呈青灰色，有光泽；腹部为白色，色泽光亮，脐上部内有印迹，肢体连接牢固且弯曲。二掂：用手掂分量，若感觉手感沉重则相对壮实。三拉：海蟹的腿都完整，轻拉蟹腿有微弱的弹力，则表明是新鲜海蟹；反之，若轻拉蟹腿，不仅没有微弱的弹力，反而

容易断落，则说明不是新鲜的海蟹。四剥：剥开脐盖看它的蟹黄或蟹膏是否凝集成型。五闻：若闻到海蟹有腥臭味，则说明海蟹已经腐败变质，不能再食用，避免造成食物中毒。

②购买河湖蟹时，首先应当挑选活力强、爬得快、吐泡沫多且有声音的活蟹，蟹壳呈墨绿色、有光泽，整足、蟹腿完整饱满，肚脐突出。

螃蟹

2. 肉类的选购

购买肉类时应注意，鲜肉有一种固有的香味，表面微微有些干膜，肉色呈淡红、发光，按压时有弹性，肉汁透明。一般猪肉颜色呈浅粉红色，脂肪呈白色、柔软；牛肉颜色呈深红色，脂肪呈奶白色；羊肉颜色为粉红色，脂肪呈白色。家禽（如鸡、鸭）胸脯丰满、柔软，表面没有淤伤，腿部容易弯曲，脂肪呈白到黄色。

3. 蛋类的选购

鲜蛋表面粗糙，在阳光下或灯光下观看可发现其呈半透明，蛋的轮廓清晰。通常质量差的蛋表面光滑、发暗，晃动时响声明显，且对光照射时发暗或有污点。

4. 饮料类的选购

优质饮料应无沉淀，不漏气，开瓶后伴有原香味，如果有混浊或沉淀及异味，不管是汽水、汽酒、果汁，还是补酒类，都表示已经变质。

5. 蔬菜的选购

鉴别蔬菜的质量可以从以下两个方面着手。

看：首先要看蔬菜的鲜嫩程度，其次要看蔬菜的光亮度，另外还要看蔬菜的水分是否充足，最后看蔬菜的表面有没有外伤。

蔬菜

闻：拿来闻一闻，有没有臭味、异味，新鲜蔬菜会发出自然清香；有异味的可能是刚喷洒过农药，切勿购买。

在此简单介绍几类蔬菜的购买技巧：

①绿叶菜要青绿，叶要脆、不能黄。

②花菜和生菜类：内部要实，不要购买剥掉外层的。

③豆类：要饱满，无皱纹。

④根茎类：要实，颜色鲜明，表皮无污点。不要覆盖大量泥土。选购中等大小的。

6. 罐头食品的选购

（1）看清商标上产品的名称、重量、成分、厂名、生产日期与保质期。目前，铁皮罐头的保存期一般是 2 年，玻璃瓶罐头是 1 年。

（2）再看罐头的形体，正常的应是罐身清洁，光亮没有锈斑，焊缝完整，罐盖稍凹。如果罐身生锈、接缝卷边不严密、盖面和底面凸出，则表明质量差。

四、日常采买的记账

1. 验货与记账

保姆采购完食材后，必须向雇主汇报采买的情况。要将所购买的食品逐一交给雇主家人检验，同时将采买商品的品种、数量、单价、余额等项汇报清楚，并与雇主当面交接。钱款务必做到日结日清。

2. 记账的注意事项

（1）要养成当天记账的习惯，不然会遗漏。要有固定统一的格式，记完一天的开支详情，就将其用横线隔开，每天一栏，要一目了然。

（2）每天的开支除了记录总数、总金额外，还应当记录采购物品的具体名称与数量，不要笼统地记肉类、菜类，以备日后自己和雇主都看得明白。

（3）每天的开支尽可能控制在预定数额内，不要超支或剩余过多。既要按照计划开支，又要确保每天伙食的营养质量。

（4）每到周末或月末，应当主动把账目交给雇主。做到一周一小结，同时为下周的开支做好准备。

（5）如果自己要买东西，同时也要帮雇主买东西，要做到分单计算，以免账目混淆。

（6）如果有购物单据应当妥善保存，可附在账页前面，以备退换、维修、结账使用。

第二节　主食类制作

一、煮米饭

1. 制作米饭的注意事项

（1）做米饭时要用热开水，因为矿物质（特别是钙）是淀粉“老化”的“催化剂”。

米饭

（2）刚做熟的米、面食品切勿着急揭开锅盖，关火后应再焖5分钟左右，以使水分可以均匀散布在米粒之间，这样吃起来口感会更好。

（3）用高压锅做出的米、面食品，其“老化”时间可延迟5小时以上。

（4）做米饭时可适当加一点植物油或糯米，能够延缓其“老化”过程。

（5）剩饭重新蒸煮时，可以向饭锅的水里放点食盐，这样吃起来口感会像新煮出来的饭一样。

（6）在煮饭的水里加几滴色拉油，能够使米饭粒粒晶莹，而滴几滴柠檬汁则可以使饭粒柔软。

2. 米饭夹生的补救方法

（1）如果全部夹生，可以用筷子在饭内扎一些直通锅底的小孔，然后加入适量温水重焖。

（2）如果为局部夹生，则可以在夹生处扎眼，然后加入一点水再焖一下。

（3）如果表层夹生，可以将表层翻到中间，然后加水再焖，或者在饭中加入 2~3 小勺米酒拌匀，再蒸，这样均可消除夹生。

3. 去除米饭煳焦味

如果不小心将米饭烧煳了，不要搅动它，将饭锅放到潮湿的地方约 10 分钟，烟熏气味就没有了。也可将一小节葱段插进串烟的饭锅内，然后盖上锅盖，等候片刻，串烟味就会消失。还可以将一块烧红的木炭放在碗里，然后放入锅内，盖好盖，10 分钟后就没有煳焦味了。

二、做馒头与蒸馒头

馒头是家庭常见的主食之一。如何才能将馒头蒸制得既松软又筋道呢？窍门如下：

1. 和面

（1）将双手与和面盆洗净。

（2）在和面盆中倒入 2~3 小碗水，依据需要可适量增减。

（3）放入适量酵母粉，并用手均匀地搅拌。

（4）用碗盛一大瓢白面，也可以添加少许玉米面，一边将面倒入和面盆中，一边用另一只手进行搅拌。

（5）一只手用力扶住和面盆的边沿，另一只手以手背发力，蹭和面盆的边沿，直至盆边没有黏着的面为止。

（6）搓双手，直至双手没有黏着的面为止。

（7）双手用力挤压面块，反复揉合，直至面团柔软光滑。

（8）盖好和面盆，以防表层的面干燥。

（9）将面盆放到向阳的或温暖的地方，静置 3~4 个小时待用。

以上是和面的工序，要注意三光：盆光、手光及面光，15 分钟即可完成。

2. 做馒头

（1）整理面板。将面板放平整，保持干净干燥，然后放上面扑，即案板上的底面。

（2）将发好的面连同和面盆一起端到面板上，把面倒在案板上，用手抓少许干面蹭面盆内底，直至干净为止，然后将蹭下来的面和到大块面里。

（3）将面揉成长条，左手握住面块的右端，以四根指头并排的宽度为准左移左手，再将其切下，随后依次左移，切勿伤着手。

（4）将面块一块块地码好，这时的面块已成馒头形状，注意用布将其盖好，放置 2~3 分钟。

3. 蒸馒头

（1）在醒馒头的同时，可对锅进行处理，比如在锅里放入适量的冷水，然后放入箅子或馏布，将馏布平整地放在箅子上。

（2）整理好箅子后，将馒头放入，盖好锅盖。馒头放入蒸笼时，应打湿蒸笼布，这样蒸熟的馒头就不会与蒸笼布粘在一起。

（3）上火蒸，按照馒头坯的大小，控制时间在 25~30 分钟。

（4）关火，稍等片刻就可以出锅了。

4. 蒸馒头要注意以下几点：

（1）根据季节不同，和面的水也有所不同。夏季用冷水和面，冬季则用温水和面，且冬季和面、发面时应比夏季早 1~2 小时。和面时要谨慎加水。

（2）和面要充分搓揉，以使面粉里的淀粉及蛋白质能充分吸收水分，面团和好后要保持一定的湿度，以 30% 为宜。

（3）当面已经涨发时，注意掌握发酵的程度。如果面团中已经呈蜂窝状，有许多小孔，就说明已发酵好。切记蜂窝状面体的孔不要过大，越大则说明酵发得越老，甚至要发过头了。

（4）笼屉与锅口相接的地方不能漏气，漏气的地方需要用湿布堵严；用铝锅蒸馒头时锅盖要盖紧。

（5）蒸馒头时，锅内必须使用冷水加热，切忌图快一开始就用热水或开水，因为这样蒸出来的馒头容易夹生。

（6）馒头蒸熟后不要着急取下蒸笼，应先揭开笼屉的上盖，继续蒸 3~5 分钟，这样最上层一屉的馒头皮就会很快干结，然后把它卸下来翻扣到案板上，最后取下蒸笼布。

4. 蒸馒头判断生熟的方法有以下几种：

（1）用手轻拍馒头，有弹性就说明熟了。

（2）撕下一块馒头的表皮，若能揭开皮就说明已经熟了。

（3）手指轻轻按压馒头，然后放开，若凹坑很快平复，就说明馒头已经熟了；凹陷下去不复原的，则说明还没蒸熟。

5. 馒头碱重补救

若碱多了，蒸出来的馒头就会发黄、不好吃，可用以下方法补救：

（1）碱如果稍微有些多，可推迟一下再进行蒸制，让其“缓醒”。

（2）馒头出笼时若发黄，可以向锅里的水中倒入少量的醋，然后将蒸黄的馒头再用慢火蒸十几分钟，因为碱遇酸后，馒头会变白，且没有酸味。

三、煮面条

1. 煮挂面

（1）煮挂面时不要等水沸腾了之后再下挂面，而应该在锅底有小气泡向上冒的时候就下挂面。

（2）然后用筷子搅动几下，盖好盖子，等锅内水开了之后再适量加一些凉水，等水沸腾了就熟了。

（3）煮挂面的时候不要用大火。由于挂面本身很干，如果使用大火煮，水太热，面条表面容易形成黏膜，会煮成烂糊面。

2. 煮湿切面和自己擀的面条

（1）需要水沸后再下面，然后用筷子搅动几下，以防面条粘连。

（2）用旺火煮开，每开一次锅就向锅内点一次凉水，点 2 次凉水后就可以出锅。

（3）煮湿面的时候一定要使用旺火，否则温度不够高，面条的表面就不容易形成黏膜，面条就会溶化在水里。

四、包饺子和煮饺子

（一）包饺子

1. 和面

（1）取些许温开水，水里放少许盐；在面粉里放一个鸡蛋。

（2）将水慢慢倒进盆中，用筷子不停地搅拌，感觉没有干面粉，快要都成面疙瘩的时候，就可以用手进行揉面了。揉面时要用力，直至面的表面光滑即可。

（3）和面要提前，因为面要醒一段时间，最好早上和好，下午包。

2. 剁、拌肉馅

馅料的制作可以根据雇主家里的人口数进行适当的调节，如果四个人吃，一斤左右的肉馅就可以了。馅里要放盐、姜末、酱油、料酒、味精、香油、水（最好使用高汤），还可以依据雇主家的口味加一些如胡椒粉等调味品。然后顺时针搅拌，搅拌均匀即可。

注意：拌好的肉馅放置半个小时为佳，便于肉与作料相融合，口感比较好。

3. 剁菜

蔬菜的选择要根据雇主的喜好，一般选用大白菜加少许韭菜，韭菜切成小粒，大白菜也要提前切碎。如果感觉白菜水分太多，可以用纱布把水挤干，然后和韭菜一起放进肉馅中进行搅拌，最好尝一下味道的咸淡，如果淡了就再加点盐，饺子馅就做好了。

4. 调馅

调馅的时候，如果全部使用肉馅，要注意向肉馅里“打”水。往肉馅里打水不可以太多也不可以太少，水多成品容易变形，而且容易掉底，水少馅心的口感嫩度会下降。此时应当注意，水要缓慢地倒进去，并且边倒水边用筷子朝一个方向进行搅动。如果馅里的瘦肉多，可以多加一些水，如果肥肉多要少放一些水。然后加入葱花、酱油、姜末、味精等进行调匀，最后再放盐。如果使用肉菜混合馅，蔬菜以生的为佳，以防维生素流失。剁好蔬菜后如果有汤，可以轻微地挤一挤，以防包饺子的时候渗出。剁好的蔬菜和肉馅放在一起后，不要过多地搅拌，搅多了也会出汤，出汤以后，可适当加入一些干面，冬天也可以拿到室外冷冻一下，油脂一凝就会变得黏稠了。

5. 揪面团

（1）取出醒好的面团，均匀地将其分成几份（随便几份都行，只要是等份），这样可避免包饺子的过程中面干。

（2）先拿一小份，然后将剩下的放回盆中，盖好盖子，或者盖上毛巾，以防水分蒸发。

（3）将这一小份面团揉成长条形状（圆柱形），用刀切成宽度约为2.5厘米大小的小段，也可以用手揪。用刀切的时候，要注意每切一刀就将面团转个方向。

6. 擀皮

将桌子上已经切好的小段用手进行按压，至扁平状，样子有点像飞碟。拿擀面杖进行擀皮的时候，注意要中间厚四周薄，中间厚是为了防止饺子露馅，四周薄是为了吃起来口感好。擀饺子皮的时候不要一次性擀很多，可根据包饺子的速度进行调节，一般富余五到六个即可，否则时间长了皮就干了，这样不利于包制。

7. 包饺子

（1）将饺子馅放到饺子皮的中间，如果技术还不熟练的话，可以少放点馅料。

包饺子

（2）先将中间捏起来，再捏两边，然后从中间往两边将饺子皮的边缘挤一下，这样饺子下锅煮的时候就不会漏汤了。

（3）做好一个饺子时，要在饺子的底部沾上一点面粉，以防饺子粘在一起。北方人一般使用盖帘（竹子做的），在上面码入已经包好的饺子。

（二）煮饺子

（1）煮饺子的时候，锅里的水要充足，然后加入适量的盐，以增加饺子皮的耐煮力。

（2）水沸了再放饺子下锅，煮的过程中要及时搅动，用倒扣的勺子贴着锅壁滑入锅底，慢慢翻动，以防止饺子粘锅。

（3）不要让水沸腾得太厉害，不然饺子容易破。可在水开以后，加入些许凉水，如此反复3次便可。

（4）煮速冻饺子时要观察饺子的形态，饺子下去以后会逐渐变软，如果饺子在水面上漂浮着，饺子皮凹凸不平，则表示饺子已经熟了。

（5）由于速冻饺子冻的时间过长，饺子皮的水分已蒸发了，饺子不易煮熟，还会有点夹生，所以煮饺子不适合使用大火猛煮，要用中小火慢慢将饺子煮透。

五、做烙饼

烙饼是常见家庭主食之一，其做法如下：

（1）在面里倒入适量温水，搅动几下，然后反复揉搓至形成光滑面团，烙饼的面要和得软一些，且要醒面片刻；

（2）将面团擀成薄片，并在薄片上涂油，再撒些细盐，然后卷起来切成剂子，最后将剂子的两端及边捏紧、捏严、压扁；

（3）将饼铛放到炉子上，用微火将饼铛烧至发热，加适量植物油，将擀好的饼放到饼铛上，要不断翻动面饼，待饼鼓起来以后，再翻几次即可。

第三节　菜肴类的基本烹调技术

家庭菜肴主要分为热菜、冷菜和汤 3 种，每种类型因为材质与制作方式的不同又可分为不同种类。

一、食物的初加工与注意事项

在进行烹调之前，食物的初加工处理也要加以重视，主要有以下几类：

1. 蔬菜类

（1）部分蔬菜需要切掉菜根。

（2）合理取舍老黄叶、枯叶、老根，不可以食用的部分必须清除干净，对可以食用的部分要尽量加以保存（比如莴苣叶和芹菜嫩叶）。

（3）取大盆，放水，将蔬菜放入盆中洗净，以没有泥为标准。

（4）把菜捞出来，控干水分。

2. 肉类

普通肉类洗净就可以了，而脆韧的动物性原料有些需要将皮、骨、壳、筋去掉。常用的原料有鱼、肉、虾、蟹等。

（1）鱼：加工的时候应当将其剖开洗净，鱼腹腔壁内附有一层黑色薄膜，腥味重，应当将其刮洗干净。按照烹调所需开背刀或者剔鱼骨、挑鱼刺。

（2）虾：将虾的额剑、触角、步足剪掉，挑出虾线，用流水进行冲洗后装盘。

（3）蟹：先将螃蟹放入清水中静养，使其吐出泥沙，再用软毛刷刷掉表面的泥沙，然后挑起腹脐，将粪便挤出来，最后用清水洗净即可。加热之前要用线绳将蟹足捆扎起来，以防蟹足脱落。

（4）虾仁：虾剥皮，用水清洗一次，再放进盐水中，然后将虾仁滤出，以冷水冲洗，直至水清为止，并且要注意去泥。

3. 干货原料

干货原料的初加工也就是干货涨发，是将干货通过各种方法进行涨发，让其重新吸收水分，以恢复原有的形状和鲜嫩，将其杂质和腥臊气味去除，有助于人体消化吸收。

一般有水发、油发和碱发 3 种涨发的方法，此外还有盐发和火发。

（1）冷水发又分浸发和漂发，适用于体小质软的银耳、木耳、金针菜等。

（2）热水发有泡、煮、焖、蒸 4 种。适宜质嫩、形小的干料，比如粉丝、金针菜等。煮发、蒸发及焖发适宜如干贝、鱼翅、海参、熊掌等质老、形大的干料。根据原料的不同，涨发的过程也可以交叉、反复进行。

泡发木耳

（3）油发适宜含有丰富胶原蛋白、结缔组织的干料，比如肉皮蹄筋、鱼肚，以及质地坚硬的鱿鱼、海螺、赤贝等动物性干料。盐发同油发、火发都是辅助的发料方法。

4. 原料初加工的注意事项

（1）清洗蔬菜的时候，加盐浸泡大约 10 分钟，不宜太久，为的是清除蔬菜上的农药。注意既要漂洗干净，也要注意减少蔬菜中营养成分的流失。

（2）初加工不宜过早进行，加工完毕装盘后应尽可能马上烹饪，以防切好的原料变色或降低品质。

二、热菜的烹调方法

我国的菜肴品种虽然众多，但其基本烹调方法则可以归纳为炸、炒、熘、爆、烹、炖、焖、煨、烧、扒、煮、汆、烩、煎、贴、蒸、烤等二十多种。因此保姆要充分了解菜品的烹饪技术，以确保雇主的饮食营养需求。

1. 炸

炸是用旺火热油，以油作为传热介质的烹调方法，特点是火力旺，用油多。制作出的菜肴具有口感香酥、脆嫩的特点。用这种方法加热的原料大多要间隔炸一次。炸的技法要领是，对一些老韧、形状大的原料，下锅的时候油温可以低一些，炸的时间可以长一些。用于炸的原料在加热前一般要用调味品浸渍，加热后往往要随带调味品。由于所用原料的质地及其制品的要求不同，炸可以分为清炸、软炸、酥炸、干炸、卷包炸和特殊炸等几种。

2. 炒

炒是最基本的烹调技术之一，是把原料放入热油锅内，用旺火翻炒变熟，加入调味品制作而成。因其成熟快，故要求原料要小。最常见的有丁、丝、片、条、末或各种花刀原料。一般用旺火热油，但火力的大小与油温的高低要依原料而定。根据炒所用原料的性质及其具体操作手法的不同，大体又可以分成生炒、熟炒、软炒、干炒4种。

3. 熘

熘是先将原料用炸的方法加热成熟，盛在盘中，然后调制卤汁淋于原料上，或者将原料投到卤汁中进行搅拌的一种烹调方法。熘菜的原料需要先加工，大部分是块、丁、片、丝等小料。

4. 爆

爆是将脆性原料倒入中等油量的油锅中，以旺火热油进行快速加热的一种烹调方法。其特点是加热时间极短。用爆的方法烹制的菜肴脆嫩鲜爽。爆制所采用的原料大多数是本身质地具有一定脆性、没有骨头的小型原料，刀工处理必须要厚薄、大小、粗细保持一致，除薄片外一般均必须斩花刀。

5. 烹

烹是首先将小型原料使用旺火热油炸至黄色，然后加入调料的一种烹调方法，所以有“逢烹必炸”之说。很多菜肴均可采用这种烹调方法进行制作，大多具有酥香脆嫩的特点。这种方法适用于如明虾、仔鸡块、鱼条等加工成小型段、块以及带有小骨、薄壳的原料。原料炸好后，将油沥尽，再倒入锅内加入调味汁，颠翻几下即可。

6. 炖

炖是既类似蒸又类似煨的一种烹调方法。炖是将原料加汤水及调味品，使用旺火烧沸后转中、小火进行长时间烧煮成菜的烹调方法，属于火功菜技法之一。原料在炖前必须进行焯水，以排除血污和腥臊味。

7. 焖

焖是将经过炸、煎、煸、炒或水煮的原料，倒入糖、酱油等调味品和汤汁，用旺火烧开以后再用小火长时间加热成熟的一种烹调方法。焖的特点是制品的形态完整、汁浓味厚、不碎不裂、酥烂鲜醇。

8. 煨

煨是将经过炸、煎、煸、炒或水煮的原料倒入陶制器皿，再加入葱、姜、料酒、香料等调味品及水或鲜汤进行煨制，然后用旺火烧开转小火长时间煮的一种烹调方法。制品具有汤汁浓白、口味醇厚的特点。

9. 烧

烧是将经过炸、煎、煸炒或水煮的原料，加入适量的调味品及鲜汤，使用旺火加温，中小火入味，再用旺火使卤汁稠浓的一种烹调方法。

10. 扒

扒是将初步加工处理好的原料进行改刀，将好面朝下，整齐地摆放进锅内，加入汤汁和调味品，用旺火烧开，然后用中小火烧透入味，最后用旺火使卤汁稠浓的一种烹调方法。

11. 煮

煮是将原料（有的选用生料，有的选用经过初步熟处理的半成品）放入多量的汤汁或清水中，首先用旺火煮沸，然后用中小火烧热成熟的一种烹饪方法。煮具有汤菜各半、汤宽汁浓、不经勾芡、口味清鲜的特点。

12. 汆

汆是沸水下料，一滚即成的烹调方法。汆是汤菜的主要做法，适用于经过加工成片、丝、条和制成丸子或体积小的原料，具有汤清味鲜、口感滑嫩、味道鲜美的特点。一般是先将汤或水使用旺火煮沸，再将原料放入锅中，只调味，不勾芡，一滚即起锅。

13. 烩

烩是将加工好的多种原料一起放入锅中，使用旺火制成菜肴的烹调方法，具有半汤半菜的特点。原料一般均要经过初步熟加工，也可以配些生料。

14. 煎

煎是用少量的油润滑锅底后，再将原料放入，用中、小火将原料两面煎至金黄色乃至微煳，以使其成熟的一种烹调方法。适用于煎的原料多为扁平状，或加工成蓉。一般不加配料。

15. 贴

贴与煎的烹调方法基本一致，但下锅之后只煎一面，不用翻身，做好以后一面焦黄香脆，另一面松软鲜嫩。贴的原料一般用两种以上合贴在一起，且必须选择膘肉垫底，主料置于肥膘上面。贴的原料必须要拌上调味料并进行挂糊。原料一般为扁形或厚片形，这类形状在烹制时容易成熟入味。

16. 蒸

以蒸锅做工具，用蒸气进行传热，使菜肴成熟的一种烹调方法。它不仅用于蒸制菜肴，还用于原料的初步加热成熟以及菜肴的回笼保温。蒸可分为清蒸、粉蒸、干蒸等方法。

17. 烤

烤是生料经腌制或加工成半熟制品以后，放入以炭、煤、柴或煤气为燃料的烤炉或红外线烤炉内，利用辐射热能直接将原料烤熟的一种烹饪方法。烤制后的成品菜肴形状整齐、色泽光滑、外酥里嫩。

三、凉菜的制作方法

凉菜的制作方法主要有拌、炝、腌、酱、卤、酥、熏、腊、水晶等，以下介绍几种常见的方法。

1. 拌

拌是一种比较适合家庭的烹调方法，是用食品原料加入调味品制成的。拌制菜肴具有原料易取、清爽酸脆、制作简单、味美诱人的特点。拌的技法运用比较广泛，有生拌、熟拌和生、熟混拌3种，也因菜品和温度的不同采用凉拌、温拌和热拌。拌制菜肴一律使用植物油，要注意掌握好火候及油温（一般为3~4成热），以断生为佳。

凉拌

2. 炝

炝的方法是先将原料切成丝、片、块、条等，再用沸水稍烫一下，或者用油稍滑一下，随后控干水分或沥干油，最后加入以花椒油为主的调味品进行拌制的一种方法。炝制菜肴具有鲜醇入味的特点，主要有滑炝和焯滑炝两种方法。

3. 腌

腌是将原料浸入调味汁中，或者与调味品拌匀，以排除原料内的水分，使调味汁渗透入味成菜的一种制作方法。腌制凉菜不同于腌咸菜，腌咸菜主要是用盐，腌制的方法也较为简单，而腌制凉菜必须使用多种调味品，主要有盐、酱油、绍酒等，将加工后的原料腌制入味，其口味鲜嫩、浓郁。腌制的菜肴具有鲜嫩清香、色泽鲜艳、醇厚浓郁的特点。

4. 酱

与热菜烹调方法中的烧有某些类似之处。酱是将原料用盐或其他香料调味品腌渍入味，再焯水油炸后，放入用油、糖、料酒、香料等调制的酱汤中，用旺火烧开，撇去浮沫，再用小火煮熟，然后用微火熬浓汤汁，涂在成品表面上的一种方法。酱制菜肴具有味厚馥郁的特点。

5. 卤

卤是将原料放入调制好的卤汁中，用大火煮开，再改用小火烧煮，直至原料成熟或酥烂、调味料渗入到原料中为止。卤制菜肴具有醇香酥烂的特点。

6. 酥

酥制冷菜是将原料浸在以醋、糖为主要调料的汤汁中，经过慢火长时间煨焖，以使主料酥烂，醇香味浓。

7. 熏

熏是将经过蒸、煮、炸、卤等方法烹制的原料，放进密封的容器内，点燃燃料，使用燃烧时的烟气熏，以使烟火味焖入原料，从而形成一种特殊的风味。经过熏制的菜品，具有色泽艳丽、熏味醇香的特点，并可以延长保存时间。

8. 水晶

水晶也叫冻，它是将原料放进盛有汤和调味品的器皿内，上屉蒸烂，或者放进锅里慢慢炖烂，然后让其自然冷却后放进冰箱冷藏的一种方法。水晶菜肴具有软韧鲜醇、清澈晶亮的特点。

四、煲汤技法

煲汤也是菜肴制作方法之一，特别是在广东地区。作为保姆，必须要学会汤的制作技巧。通常，煲汤的时候要注意以下几个方面：

1. 选料要得当

用来制汤的原料，通常是鸡肉、鸭肉、猪瘦肉、猪肘子、猪骨、火腿、板鸭、鱼类等动物性原料，这类食品富含蛋白质和核苷酸等，肉中可以与水相融的含氮浸出物是汤鲜味的主要来源。

用于煲汤的重要辅材最好选择经过民间和官方认定的没有副作用的当归、枸杞、黄芪、山药、百合、人参、莲子等。可根据各人的身体状况选择合适的汤料。比如身体火气旺盛，可以选择清火、滋润类的中草药，如绿豆、海带、冬瓜、莲子等；身体寒气过盛，应选择参类作为汤料。

2. 食品要新鲜

现代所讲的鲜，指的是鱼、畜禽死后 3~5 小时，鱼或畜禽肉所含的各种酶会使蛋白质、脂肪等分解为脂肪酸、氨基酸等人体容易吸收的物质，这时不但营养最丰富，而且味道也是最佳的。

3. 炊具要选好

煲汤以陈年瓦罐煨的效果最佳。其通气性、吸附性好，特点是传热均匀、散热缓慢。

4. 火候要适当

煲汤的要诀是：用旺火烧沸，用小火慢煨。煲汤的时间一般为2~3小时。

5. 配水要合理

水温的变化、用量的多少直接影响汤的风味。一般用水量和主要食材的比例为3∶1，同时应当使食品和冷水共同受热，这样既不直接用沸水煲汤，也不用中途加冷水。

6. 搭配要适宜

许多食物之间已经有了固定的搭配模式，能够使营养素起到互补的作用，也就是餐桌上所说的“黄金搭配”。比如海带炖肉汤，肉属于酸性食品，海带属于碱性食品，两者搭配出“组合效应”。一般为了使汤的口味比较纯正，均不用过多品种的动物食品一同煨煮。

7. 煲汤的技巧

（1）使用鸡、鸭、排骨等肉类进行煲汤时，先将肉放入开水中氽一下，这个过程就称为“出水”或“飞水”，这样做不仅能够去除血水，还能去除一部分脂肪，以免汤水过于肥腻。

（2）下锅要求。要在冷水锅中下入制汤的骨头类原料。

（3）加水要求。用小火慢煲的时候，中途不可以将锅盖揭开，也不能中途加水，不然会影响汤的口感，这是因为正在加热的肉类遇冷会收缩，蛋白质不容易溶解，汤便没有了原有的鲜香味。

（4）火候要求。煲汤的时候，火不要太大，以汤沸腾的程度为标准，若让汤汁大滚大沸，会破坏肉中的蛋白质分子。要使汤清，必须使用文火进行烧制，加热的时间宁可长一些，并注意将汤表面的浮沫、浮油撇除干净。

（5）调料放入要求。煲汤的时候不要放入过多的葱、姜、料酒等调料，以免影响汤的原味。

（6）不要过早放盐。因盐具有渗透作用，会使原料中的水分排出，蛋白质凝固，造成鲜味不足。因此应在出锅前加适量盐调味。

（7）煲鱼汤的时候，先用油将鱼的两面煎一下，这样鱼皮定结就不容易碎烂了，而且还不会有腥味。还可以向锅里滴几滴鲜牛奶，这样汤熟后不仅鱼肉嫩白，而且汤味更鲜香。一般煲鱼汤需要 1 小时左右，煲鸡汤、排骨汤需要 3 小时左右。切忌炖鲜鸡的时候放花椒和大料。

（8）原料进行加工的时候，最好保证大小、厚薄一致，以免烹调时间难以掌握。

第五章　家庭保洁

家居卫生保洁是家政服务最重要的技能之一，也是最基本的技能之一。每个保姆都应对家居保洁的目的有所了解，也就是通过对居室的清扫、擦拭和整理，以使居室的环境变得更加干净、整齐、美观、舒适。通常客厅、卧室、厨房和卫生间是家居保洁服务的重点区域。一般家居保洁的基本程序是：先将窗户打开，通风换气；整理床铺；整理摆放饰品、饰物；摆放桌椅；擦拭家具及用品；最后清扫并擦拭地面，清扫擦拭的顺序一般是从高到低、从里到外。

第一节　厨房的清洁卫生

一、厨房清洁的基本要求

（1）经常保持厨房内外的环境卫生，通风换气，及时清扫污物及垃圾，以免时间过久霉味污迹难以处理。每次倒空垃圾后，要用水将垃圾桶清洗一下，然后放到通风处晾晒。如果厨房门窗是直接通向户外的，要注意随时将门窗及纱门、纱窗关好，以保障安全。

（2）厨房家具、炊具、餐具要经常清洗、消毒。

（3）各种干货、五谷杂粮等要妥善保存，并定期进行检查。防止串味、变质。

（4）剩饭、剩菜应当放到通风阴凉的地方，不要长时间存放，食用前要重新加热蒸透。米袋、面袋要注意防潮。

二、厨房的清洁

（一）橱柜的清洁

碗柜是存放餐具的地方，要经常擦拭，以保持洁净，并定期更换隔层上的垫纸，避免餐具二次污染。在清理橱柜的时候要先把物品清理出来，再用湿布清除表面的附着物，有油污的话就使用稀释好的清洁液进行擦拭，直至擦拭干净为止。橱柜应当每天用抹布擦拭干净，橱柜的门板也要每天进行清洁，且应注意防蛀、防鼠、防蟑螂。

（二）墙面的清洁

厨房瓷砖墙壁油污比较多，瓷砖缝隙处更易积油，应当仔细用洗涤剂去除油污，然后用湿布擦拭干净，待表面擦拭干净后，再用柔软的干毛巾擦净。

（三）餐饮用具的清洁

1. 清洁要求

（1）应定期取出碗柜内的物品，用清洁剂彻底清洗一次。一般使用消毒柜进行餐具消毒处理，小孩的餐具要单独清洗。

（2）对于没有油腻的餐具，可以直接用清水冲洗，油腻比较多的餐具可以使用热水加洗洁精进行清洗，效果比较好。一般清洗的顺序是：先洗不带油的，后洗带油的；先洗小件，后洗大件；先洗碗筷，后洗锅盆。并且对于婴幼儿、病人、客人用过的碗筷，应当煮沸消毒。存放一周以上的餐具，再次使用时应当按照以上程序进行一次清洗。

2. 摆放要求

（1）同一类的按照大小和形状的不同按顺序放好，注意小心摆放，以防磕碰、摔坏。一般盘和盘放一起，碗和碗放一起，如果盘子有浅盘、深盘、鱼盘，应当依次摆放。

（2）要根据餐具用途分别摆放，经常用的，伸手可以拿的，放在外面；不常用的放在里面，用时再拿。

（3）要根据雇主家的习惯摆放。避免你不在时，雇主不易拿取使用。

（四）灶台的清洁

清洁灶台时，要按照先台面后水池的顺序进行，先滴入适量的清洁剂，等待 5 分钟，然后用清洁布仔细刷洗内外和边沿。切记如果是不锈钢的用品，均不可以使用钢丝绒、百洁布等较为粗糙的清洁用具来擦洗，否则会对用具表面的光洁度造成影响，甚至会出现难看的条纹。

一般台面上的水和油污会顺着门板向下流，这就可以使用加了洗洁精的抹布进行擦洗，每周使用一次消毒液进行消毒。水槽最易堆积油污，每次对水槽进行清洗的时候，要记住将过滤盒后的管子一起清洗一下，以免油污越积越多。若油垢长期堆积在水槽内不容易清洗，可以倒入一些具有去油渍效果的厨房清洁剂，并用热水冲洗。

清理水槽时若发现水龙头上有很难清除的硬水沉积物，可以切一片新鲜的柠檬，然后放在水龙头上用力按压并转动几次，这样就能清除了。也可以使用橙子皮最外面的部位进行擦拭，擦拭的时候不需要过度用力，顽渍就能轻松除去了。长时间使用灶台后，灶台上面会积一层油污，若是清洗的时候清洁剂不能将这些顽固的油污清除干净的话，可以往灶台上撒一些小苏打，然后用布擦拭，这样就会很容易清除油污了。

处理灶台的油污时，还要注意灶台边的瓷砖部位，那里也很容易堆积难以除去的油渍，清洗这些部位时可以喷一些油污清洁剂，然后贴上厨房用纸，等待 15 分钟，最后进行擦拭即可清除。或者是往抹布上直接倒少量的油污清洁剂，然后擦去黄斑，再用清水进行擦洗。

清洗台面

（五）用具的清洁

1. 篮、筐的清洗

篮、筐的网眼容易积存油垢和泥土，可以使用旧牙刷蘸醋或洗涤剂进行清洗。

2. 菜板

一般使用木头制成的，由于木制的菜板有拼接缝隙或虫蛀孔，易滋生病菌，所以要经常用开水浇烫或洗刷，以保持菜板的清洁卫生。每次用完之后要放到靠近窗口通风的地方进行晾干，让阳光照射，用紫外线杀菌。注意不要将湿菜板放在阳光下暴晒，以防变形。切过鱼的砧板，可以洒点醋再放到阳光下晒干，然后用清水进行冲刷，这样有助于去除腥味。菜板若有了异味，可以浸于淘米水中，再加入盐或碱进行擦洗。

3. 抹布

抹布是厨房中使用最频繁的用品之一，也应当按照其不同的用途进行区分使用。抹布要保持清洁，如果不用了要挂起来晾干，不可以随手扔在一边。还一定要重视抹布的消毒工作，可以将其放进加了洗涤剂的开水中煮，煮沸 15 分钟后捞出进行晾晒，利用太阳光中的紫外线进行消毒。

（六）地面的清洁

厨房地面油污沉积，不容易擦洗。在擦洗地面之前，可以先用热水浸湿有油污的地面，使污物软化，再用清洁刷蘸少量的清洁液进行刷洗，然后用清水冲洗，最后用干布擦净。也可以在拖把上倒点醋，这样容易去污。

（七）玻璃的清洁

厨房里的玻璃经常会被油烟熏黑，不容易清洗，清洗时可以在锅中倒入适量的食醋进行加热，然后用抹布蘸微热的食醋进行擦洗，这样油污很容易就会被除掉。也可以先在玻璃上涂抹一层石灰水，待干后再用布进行擦拭即可。然后用废报纸对玻璃进行二次“加工”，玻璃就会变得非常透亮了。

（八）纱窗的清洗

厨房的纱窗积上油污之后会很难清除，可用碱粉、去污粉、肥皂的混合液进行洗刷，再用干布擦干，放到通风处晾干即可。

（九）煤（燃）气灶的清洗

详细参照第三章第二节的具体介绍。

（十）抽油烟机的清洗

详细参照第三章第二节的具体介绍。

第二节 客厅与卧室的清洁卫生

一、客厅的清洁

客厅是亲朋好友聚会的场所，也是家中需要重点清洁的对象。清洁客厅时，可以使用报纸、旧床单等盖住电视机、沙发及茶几，以免清扫的过程中灰尘落在上面。一般门窗、地板、沙发、窗帘是重点需要清洁的地方。若家中有容易脱毛的宠物，一定要先用吸尘器进行吸尘，然后再进行清理，清理时在抹布上蘸一点醋就可以消除宠物异味。清扫客厅时应当注意以下几点：

（1）比如墙身，尤其是靠近天花板处的墙身以及空调室内机后面的墙身，有积尘的话要先清扫干净，然后再除尘。

（2）除尘的同时可以跟进以下工作：家具上如果有污渍，可以用稀释的清洁剂进行处理；将乱放的物品放回原来的地方。

（3）对以下地方进行定期清扫：天花灯罩、空调室内机隔尘网、风扇、窗帘、地脚线、家具及装饰摆设。清洗风扇和窗帘的时候可以进行吸尘或将其拆下洗净，地脚线可以进行擦尘或吸尘处理工作。

二、卧室的清洁

清扫卧室时应当注意以下事项：

（1）卧室属于雇主的隐私，应当在征询得到雇主同意之后再进行整理。

（2）卧室及卧具的整理一定要按照雇主的起居习惯和要求进行操作，不可以按照个人习惯整理雇主的卧室。

（3）门窗的擦拭可以定期进行一次。操作完毕，离开的时候一定要关好门窗。

（4）墙面的清洁要自上而下轻弹，可以定期进行清扫。

（5）床上若有浮尘，除尘的时候不要用笤帚进行清扫，否则灰尘飞扬，仍会落在室内，并对人体造成危害。可以用洗净晾干的旧腈纶衣物，顺着一个方向，迅速对其进行抹擦，以产生强烈静电，将浮尘吸附在上面，然后将旧腈纶衣物水洗晾干，再重复进行使用。若用两三块布擦两三次，可达到与干洗相同的效果，既经济又实用。席梦思床的保洁，应当每隔半年就将其搬到通风的地方晾晒一次，可去除潮气，然后用被拍将积尘拍掉。

三、具体地方的清洁

1. 地面的清洁

清扫地面的时候，扫帚要轻拿轻放，切忌弄得尘土飞扬而污染其他地方。地面尘土比较多时，可先在地面洒一些水，或是蘸湿扫帚以后再进行清扫。

（1）地毯的清洁

现代家居中，根据居室的部位不同会相对应地铺设不同材质的地毯。清洁地毯时，首先要对地毯的材质有所了解，然后再采取相应的保洁方法。比如按材质分类，有丝织地毯、纯羊毛地毯、化纤地毯、塑料地毯、混纺地毯、草编地毯等，还可以按照织造方法、图案类型、地毯款式等分类。

各种材质的地毯对灰尘的吸附力都很强，只有经常清理，才能保持清洁。比如化纤地毯的清洁，可以直接使用笤帚在地毯上进行轻扫，将其表面的纸屑脏物扫掉，再用潮湿的拖布或抹布直接进行拖擦。也可以将化纤地毯拿到居室的外面，挂在绳子上用清水直接冲洗干净，然后晾干后拿进居室。纯毛地毯平时可以使用吸尘器吸去上面的灰尘，也可以将地毯拿到居室外面挂在绳子上，先让太阳进行照射，再用木棍对其轻轻敲打，以将灰尘尽量除去。地毯铺用几年以后，最好调换一下位置，以使磨损均匀。一旦有些地方出现凹凸不平的情况，要轻轻拍打，或用蒸汽熨斗轻轻将其熨平。

（2）木地板的清洁

对于木质地板的地面，一般应每天用软扫帚进行清扫，也可以使用打过蜡的拖把或布拖把进行拖扫。清扫时可以先用吸尘器、扫帚对细小的灰尘、纸屑等进行清除，再用软布蘸上专门的皂片或清洁剂的稀释液进行清洁、擦拭，然后用干布擦净。需要注意的是，所用的拖布、抹布一定要拧干，防止木地板受潮。不要用水浸湿木地板，也不要用很热的水进行清洗，因为木板渗水后会涨发，造成木材软化，干透后可能会破裂。有条件的家庭还可以定期给地板打蜡，使木地板保持光亮，延长寿命。

（3）大理石地板的清洁

平时用软扫帚清扫，脏了可用湿拖把拖洗。只需勤于吸尘和用水擦去污渍就可以了。千万不能用“绿水”（如用盆接的雨水等）拖地，不然会对地砖的保护层造成破坏。地上如有污渍，可先用地砖清洁剂或洗洁精等清洁，接着用清水和湿拖把擦拭干净，最后用干布擦干，以防不小心滑倒。清洁后，注意一定要擦干水痕，因为水渍会使大理石地板染色、变色，出现斑点。

（4）地板砖的清洁

地板砖的种类很多，形状有长方形、正方形等，颜色和光泽也多种多样。地砖耐酸、耐碱、耐磨，容易清洗。各类地板砖地面皆可用笤帚直接清扫，或用湿拖布拖擦，也可以用吸尘器直接清洁。但要注意，地板砖吸水性较差，用湿拖布拖完后，一定要用干抹布将其擦干，防止由于地面水渍过多，使人滑倒受伤。另外，地板砖容易碎裂，保洁时要注意不用重物碰砸，以免破裂。

2. 家具的保洁

家具一般应使用棉纱、软布进行轻轻擦拭，还要根据家具表面材料的不同，采取相对应的清洁方法，否则会对家具表面造成伤害。下面分别介绍几种不同材质家具表面的清洁和保养方法：

（1）木制家具的清洁

木制家具怕烫、怕潮及怕磕碰，清洁的时候应当加以注意。家庭常用的木制家具主要是衣柜、书柜、桌、椅、板凳等，这类物品经常会受到油类物质的污染。一般木质家具每天可顺着木头的纹理，用清水进行擦拭（毛巾要九成干）即可，如果木质家具比较高档，则用纯棉的干软布轻轻将其表面的浮尘擦去即可。清洁木质家具的时候首先要准备好温热的肥皂水稀释液，然后用海绵或者柔软的布蘸肥皂水进行擦洗，待干透后再涂上家具油蜡，这样做不仅可以保养木质家具，还会增加其光亮程度。打蜡可以每 3 个月进行 1 次。

木制家具

（2）塑料家具的清洁

塑料制品可以使用湿布擦拭，或者清水直接冲洗，也可以用洗涤剂清洁。要注意的是，这类家具不可以在太阳下暴晒。

(3) 金属家具的清洁

金属家具要安置在干燥的地方，不要放在潮湿的地方，更不能放在厨房煤（燃）气灶附近，以免接触酸、碱等腐蚀性液体。金属家具怕潮，表面容易被氧化。如果表面有水迹，要及时擦干。平时可用干布揩擦灰尘和污物，而不适合使用湿抹布揩抹，更不可以用水冲洗，以防钢材锈蚀。如果污垢比较严重，可用湿布蘸少量洗涤剂擦拭，再用上光蜡等揩抹。如果有锈斑，可以使用软布擦拭，不要使用砂纸等硬物进行摩擦，更不要用刀刮。使用软布进行擦拭的时候，也可以加一些醋，然后用干净的抹布擦拭，能快速去除锈斑。

(4) 藤制家具的清洁

藤制家具朴实耐用，但网眼里极易聚积灰尘，可以使用毛头较软的刷子自网眼由内向外拂去。当沉积的污渍严重时，可用洗涤剂擦洗，也可使用刷子蘸上小苏打水使劲地刷洗，洗净后再擦干。藤制家具表面也可以涂上一层蜡，既增加了家具的光洁度，又可以起到保护作用。

3. 沙发的清洁

清洁沙发时，因其材质的不同，清洁与保养的方法也不一样，下面简单介绍几种常见沙发的清洁与保养方法。

(1) 皮革面沙发的清洁

清洗皮面沙发时可先用掸子将其表面的灰尘掸掉，然后用干净、拧干的抹布全面擦拭一遍。如果沾染污迹，可以先用干布蘸少许皮革清洁剂涂在表面污迹的地方，污迹去除后，再用潮湿的软布进行擦拭。如果不小心在仿皮沙发上划出裂痕，可以使用肥皂水清洁裂痕后，涂上相似的染料，然后涂一些氯丁胶，晾干后磨光即可。仿皮沙发的清洁方法与真皮沙发基本相同。

（2）绒面沙发的清洁

清洁绒面沙发的时候可用微型吸尘器进行除尘清洁；如果没有吸尘器，可以将潮湿的毛巾铺在沙发上轻轻敲打，或者将湿毛巾铺在绒面上，用熨斗熨，再清洗毛巾，如此反复几次，就可以除去沙发绒面上的尘土。切勿干掸，以免灰尘飞扬。

（3）布面沙发的清洁

可用吸尘器除尘或干洗。平时用柔软的干布擦拭，定期更换沙发套，按面料的洗涤要求正确进行清洗，较大型的棉布或亚麻布护套则可拿到洗衣店清洗。还有一种方法是晾在阴凉通风处，用棍子轻轻敲打除尘。

4. 墙面的清洁

（1）一般墙面的清洁

一般贴墙纸的墙面比较平整、光滑，不易积灰尘。平时只要隔几天用鸡毛掸子轻轻掸扫墙面就可以了，也可以使用吸尘器进行清理。若是表面有凹凸花纹的发泡墙纸的墙面，灰尘容易堆积又不容易擦洗，则需要经常用鸡毛掸进行掸扫，并且每隔 2~3 个月就用吸尘器清理 1 次。

（2）油漆墙面的清洁

油漆墙面也比较光滑、平整，不容易积灰，又容易清扫，平时经常用鸡毛掸子进行掸扫，或者隔几个月用吸尘器进行一次清理即可。也可以使用柔软的湿毛巾或棉纱轻轻将墙上的灰尘抹擦掉。用湿毛巾擦洗时要注意，毛巾一定要拧干，擦洗时只能轻轻地擦，不可以多次来回用力擦，否则会损伤墙面漆。还可以用清水、米汤或洗涤剂进行清洁，但不宜用碱水进行洗刷，忌使用香蕉水、汽油等化学溶液。

（3）瓷砖墙壁的清洁

瓷砖墙壁用湿布擦拭即可。如果是厨房的瓷砖墙，由于油污比较多，尤其是瓷砖缝隙处应当仔细用洗涤剂进行清除，再用湿布擦干净，然后用干布揩干。禁止使用钢丝绒、百洁布等坚硬、粗糙的工具进行清洁，避免对墙体材料的表面保护层造成破坏。

（4）有字画、饰物挂件的墙面的清洁

清洗瓷砖

字画可以用鸡毛掸子、吸尘器等轻轻拂去表面的灰尘。有玻璃镜框的字画，可以使用干布轻轻擦掉灰尘。切记要轻拿轻放，避免造成损坏。墙面的饰物、挂件不能用水进行清洗，可以使用吸尘器将灰尘吸去。

5. 门窗的清洁

（1）铝合金门窗的清洁

铝合金门窗和窗沟内容易积聚灰尘，可以使用油漆刷子将灰尘刷到一处，再使用吸尘器将其吸去。窗沟内的脏污不太严重的情况下，用水进行擦拭即可。水无法擦掉的污垢，用尼龙刷子蘸上清洁剂进行刷洗，刷干净即可。铝合金门窗若生锈了，可以用小刀轻轻刮去铝锈，再用肥皂水将其清洗干净，最后用干布抹干即可。最后再打上一层蜡油，涂抹完蜡油之后要用干布擦亮，便可以达到光滑如新的效果了。

百叶窗的清扫可以先用吸尘器吸掉灰尘，再用比较粗的布蘸上清洁剂，一叶一叶仔细地进行擦洗。百叶窗十分锐利，擦洗的时候应当戴上手套，避免将手割伤。最后用干布将其擦干即可。

（2）纱门、纱窗的清洁

纱门或纱窗上的浮尘可以用小扫帚或刷子轻轻扫去。纱窗积灰比较多的时候，取两块海绵，两边同时进行擦洗，海绵会将窗户上的灰尘吸走。布满灰尘的纱窗，可以先用吸尘器将窗户的两面仔细地吸一遍，再喷上清洁剂，然后用海绵进行擦拭即可。

有些纱窗可以取下来进行清洗，清洗时将纱窗放进温水里，然后加入适量的洗衣粉浸泡 10~20 分钟，以软毛刷轻轻地进行刷洗，最后用清水冲洗干净，甩干水分即可。在洗纱窗的时候，可以先在洗衣粉溶液中加入少许牛奶，可使纱窗焕然一新。

纱门的清洗方式与纱窗相同。

（3）玻璃门窗的清洁

居室的玻璃上主要是尘土和雨水浇淋的泥点，可以先用湿抹布进行擦拭，将表面的污物擦去之后，再用报纸或棉纱进行反复擦拭。擦玻璃的时候，要先擦上面再擦下面。冬季比较寒冷，切记不要使用热水擦玻璃，避免玻璃突然遇热而炸裂。在楼房高处擦玻璃的时候，一定要注意安全，应采取必要的安全防护措施。

第三节　卫生间的清洁卫生

卫生间的保洁工作以卫生洁具、洗浴设备以及其他室内设施，包括地面、墙面、天花板、门窗等为主，可以分为两种：周期性清洁和每日常规清洁。因此，卫生间的保洁和消毒是保姆的一项重要工作。对于具体的操作过程来说，主要应当按照准备清洁用品、清洗盥洗器具、清洗马桶便池、清扫地面、清除垃圾、检查整理的顺序进行。

（一）操作方法

1. 准备用品

清洁用具包括：水桶、抹布、马桶刷、胶手套、小牙刷、洁厕剂、垃圾袋、工具等。

2. 清洁镜面

卫生间的相对湿度比较大，镜子上吸附灰尘后会难以擦洗明亮。清洗时可以先在镜子上涂抹一层香皂，再用干燥的抹布将其抹干，这样镜子就会重新恢复明亮了。这种方法还适用于清洁浴室内的玻璃、支架等物品。

3. 清洁面台、洗手盆和浴缸

清洁面台的时候，可以将清洁剂的稀释液均匀地喷在面台上，然后用百洁布进行擦拭清洁，最后用干抹布将其擦干。清洗洗脸盆的时候，要先对去水孔活塞进行清洁，将附着在上面的杂物清除，尤其是头发。尽量使用海绵蘸取清洁剂进行擦拭，然后放水冲洗，最后用干抹布擦干。如果有黄色斑点或顽固污渍，可以尝试用过期的沐浴露进行擦拭，会有不错的效果。如果是下嵌式的洗面盆，在清理的时候，需要特别注意台面下方和面盆接合地方的死角部位。擦拭浴缸的时候可以使用洗涤剂或去污粉进行清洗，必要时还可以使用消毒液进行消毒。浴缸的清洗一般是用清洁液自上往下清洗墙壁、浴帘、浴缸内壁及浴缸外壁，最后用清水清洗干净即可。如果浴缸里的黄水迹久积难除，可以用柠檬片盖住，这样黄水迹就会慢慢消失。另外，平时可以在浴室内放一块海绵，然后在上面放一块肥皂，这样不仅肥皂不易变软，而且肥皂液还会积存在海绵上，不会流向他处，且积存的肥皂液还可以用来擦洗浴缸及洗脸盆，其效果显著。

4. 冲洗马桶

坐便器表面一般可用水冲洗干净，或者使用浴室清洁剂或去污剂及湿布进行洗擦，洗净后用干布擦干。如内侧有积垢，将少量洁厕灵倒入坐便器里，浸泡几分钟，然后用马桶刷反复刷洗，接着用清水刷洗，最后用干净的布将其擦干，就能达到白亮如新的效果了。如果有异味的话，可以在坐便器上放一些干燥的橘子皮，可除去难闻的臭味。或是将一盒清凉油打开盖子，然后放在卫生间的某个角落低处，或是喷洒几滴风油精，臭味就会马上消除。还可以在厕所的架子上并排放上几块香皂，也有干燥去臭的功效。

5. 清洁地面

浴室的地面要保持干净，不积水。清洁地面的时候首先用扫帚对地面进行清扫，然后用湿拖把将地面擦净，必要时可以使用清洁剂，最后从里到外再用干拖把擦干净即可。尤其是靠近地面的几排瓷砖较难清洗，容易形成黄色水垢，如果用刷子都难以清除，可尝试使用清理马桶用的洁厕灵，由上而下喷到瓷砖上，等待 10 分钟，然后用刷子进行清理即可。

浴室是潮湿的地方，极易出现斑斑点点的青黑色霉菌，对这样的地板进行清洁的时候，可以先用干净的抹布将浴室地面的霉斑擦干净，随后一边通风换气，一边在生有霉斑的地方用稀释的酒精擦洗，通常水和酒精的比例为 14∶1，每天喷洒 2~3 次，持续 2~3 天，便可以去除霉菌。另外，室内要经常保持通风换气，以防霉斑的生成。

6. 收走垃圾

收走垃圾桶里的垃圾袋，更换新的垃圾袋，并将废物筐放在固定位置。

7. 检查整理

清洁作业完毕后，应当环视整个卫生间一遍，看看有没有遗漏的地方，或是没有彻底清除干净的地方，必要时及时补做。最后收拾好清洁用具。

卫生间

(二) 注意事项

(1) 进行清洁的过程中要根据不同的材质正确选用清洁剂，以提高工作效率。

(2) 工作前要对卫生器具进行检查，看其是否完好。

(3) 不要用铁丝等硬物对器具进行擦拭，避免损坏陶瓷的珐琅质。特别是刮花玻璃镜面。

（4）使用洁厕灵以及其他刺激性清洁剂的时候，还应戴上口罩以及专用保洁手套。

（5）卫生洁具大多是陶瓷制品，禁止使用碱性清洁剂，避免损伤瓷面。清洁工具各司其职，应根据不同用途分别使用、洗涤、晾晒及放置，切勿混淆使用，避免交叉感染。

（6）擦拭卫生器具或地面的时候一定要将边角擦干净。要经常清理地漏和下水口，避免被头发、杂物堵塞。

（7）垃圾不要超出垃圾桶的 2/3，若有就应该立刻收走。切勿将剩余的饭菜倒进马桶，避免管道堵塞。

第四节 不同性质污渍的处理

不同器具因材质不同，使用的范围不同，不同器具的不同污渍要针对性地处理。下面介绍几种常见的污渍处理方法。

1. 微波炉有异味

可以用一杯水加入几匙柠檬汁，放入微波炉内煮 5 分钟，然后用干布抹干。

2. 地面油污的清洁

如果地面油污比较多，可以在拖布上倒一点醋，再进行地面清洁，这样地面就可以擦得很干净。若污迹的面积比较小，则可以用布蘸一点碱水进行擦拭。

3. 洗手盆胶边发黑

用漂白水浸湿棉花，然后贴在发黑的胶边上，2～3 小时后用清水洗净。

4. 煤（燃）气灶去油腻

（1）用肥皂水或漂白粉溶液进行清洁。

（2）用黏稠的米汤进行清洁。在灶具上涂上黏稠的米汤，待干燥后，米汤结痂，就会将油污粘在一起，这时只要用铁片轻轻一刮，油污就会随着米汤结痂一起除去了。

5. 瓦煲烧焦

将烧焦的部分用清水浸软，再用钢丝球加清洁剂进行擦洗。把烫热的煲即时用冷水冲洗或浸洗，煲容易爆裂开。

6. 浴缸去黄污和锈迹

浴缸池壁上的黄色污垢，可以用比例为 1∶9 的漂白粉和水溶液擦洗，然后用布蘸稀释溶液擦拭，污垢就会非常容易去除了。或者将柠檬切片盖在浴缸的黄色污渍上，过一会儿就能清除。

7. 去除锈渍的方法

浴缸上的锈渍可使用软布蘸上牙膏进行擦拭，效果较佳。如果锈渍难以去除的话，可以涂上稀释的卤素漂白剂，过一会儿再用清水冲洗干净即可。

8. 抹布或茶杯有顽固污渍

用厨房清洁剂加入开水浸泡，等漂去污渍后再用清水洗净即可。

9. 木质家具去油污

可以使用抹布蘸茶叶水或少许洗涤灵进行擦拭，然后用清水反复进行擦拭。切勿用开水或碱水进行洗烫，避免掉漆。

10. 茶壶、热水瓶、电热壶有水垢

往容器内倒入水垢清洁剂，然后注入热水。等待几分钟，待水垢脱落后，再用清水洗净。

11. 地毯上的污渍

墨水渍可用柠檬汁擦拭；咖啡、可可、茶渍可用甘油（1 食勺甘油加入 1 升水）去除；水果汁可用冷水加少量氨水除去；油漆污渍可用汽油与洗衣粉调成粥状，晚上涂到有油漆的地方，等到第二天早晨再用温水进行清洗，然后用干毛巾将水分吸干，并想办法尽快将地毯晾干，但切不可放到阳光下进行暴晒，以免褪色；血渍要先用冷水擦洗，然后再用温水或柠檬汁搓洗，切忌先用温水洗；啤酒迹可以先用软布条或棉纱蘸取洗衣粉溶液进行涂抹擦拭，然后再用温水及少许食用醋清洗干净；地毯如果有焦痕，不严重的话，可以使用硬毛刷子或镍币边缘刷掉烧坏部分的毛即可。

12. 天花板有灰尘

将丝袜自天花板中央扫向墙身，由于丝袜会产生静电，能够吸取灰尘。如果有明显的污渍，用细砂纸或钢丝球轻磨表面即可。切不可用湿布操作，这样极易留下污渍。

第六章　衣物的洗涤、晾晒与保管

由于化学纤维的迅速发展，人们的穿着发生了根本性的变化，如今，纺织品花样繁多，性能又各不相同，这就给衣物的清洗和整理带来了很多问题。因此，清洗时，必须根据不同的衣服面料采取不同的洗涤方法，并掌握好如何正确晾晒与保管。

第一节　衣物的洗涤与晾晒

一、洗衣的原则

为防止洗衣服的过程中造成交叉污染，损害人体健康，一定要根据以下原则进行洗涤。

（1）每个人的衣服最好单独清洗，尤其是小孩和大人的衣物、健康者和病者的衣服要分开洗。

（2）内衣和外衣要分开洗。

（3）不太脏的衣服和很脏的衣服要分开洗。

（4）深色和浅色的衣服要分开洗。

（5）容易被染色的衣服要单独洗，或者将易褪色的一面翻入内里进行清洗。

（6）最好单独手洗乳罩、内衣裤、袜子。

（7）洗衣服的时候不要放过多洗涤剂，不然不易漂洗。漂洗时注意要多漂洗几次，特别是内衣裤更应该这样。

（8）衣服若有拉链，应当将拉链拉上，避免暴露在外而造成洗衣机里的其他衣物被损坏。

（9）材质非常娇贵的衣服尽量手洗，清洗时要轻揉轻搓，然后自然晾干。

（10）要严格按照衣物上洗涤标志的要求进行清洗。

二、不同衣物的洗涤

1. 棉麻与棉纺类服装的洗涤

棉纺织品具有纤维较短、易变形、起褶、无光泽褪色、耐高温、弹性较差、手感柔软的特点。棉织品怕酸不怕碱，对水温的适应性比较强，机洗或手洗都可以。洗涤时要根据每次洗涤的衣物数量、花色做好洗前的分类工作，可按照白色、浅色、深色进行分类。棉类服装可选择各种肥皂和洗衣粉等洗涤用品进行洗涤，但由于棉纤维的弹性比较差，所以洗涤时用力不要太大，以免衣服变形，影响外观。洗涤的温度由织物的颜色而定，且浸泡时间不能超过15分钟，以免出现搭色、串色或起死褶等现象。机洗时，洗涤液的温度要按照棉织物的特点及适应程度来选择，最好选用冷水进行清洗。白色棉织品、床单、被单可以在高温下（不超过40℃）进行清洗。

棉麻织品均属于植物纤维，具有耐碱性强、抗温性好的特点，可用各种肥皂或洗涤剂进行洗涤。亚麻纤维比棉纤维粗，选用亚麻制作的衣物穿着凉爽且吸汗，而且下水之后强度反而会增加。洗涤的时候要选用优质肥皂或洗涤液，洗涤的温度应低于40℃或用冷水洗涤。由于麻纤维刚硬，抱合力比较差，既不能用力揉搓或选用硬刷刷洗，也不可以用力拧绞，以免布料起毛，刺痒皮肤，影响外观和耐穿程度。另外，棉麻织物易掉浮色，洗涤的时候要防止搭色。

麻类服装的晾晒方法与棉类服装大致相同，一般都可放在阳光下直接摊晒，这是因为这类纤维在日光下的强度几乎不下降，或者稍微有些下降但不会变形。但不宜暴晒，晾晒前，应将衣物伸平拉直。不过，为了避免褪色，最好反面朝外。

2. 毛类服装的洗涤

由于羊毛纤维具有缩溶性、可塑性等特点，所以在洗涤的时候要特别注意。洗涤的水温不能过高（30~40℃为宜），过高会出现折痕且不容易烫平。且羊毛耐酸而不耐碱，洗涤的时候一定要用弱碱性或中性洗涤剂，不可以直接使用肥皂或洗衣粉，以防纤维相互咬合而产生缩绒（特别是像织物组织松散的羊毛衫、围巾等）。毛类服装以干洗最佳，也可手洗，手洗时通常采用挤压和刷洗的方法，且应顺着纹路刷洗，时间不宜过长，也不要用力猛搓或用硬刷刷洗。若必须机洗，要装进洗衣袋后再放入洗衣机。水温要求30~40℃，时间2~3分钟即可。尽量避免用洗衣机脱水，需要使用时也应当以30秒到60秒为限。

因为羊毛纤维的表面是鳞片层，其外部的天然油胺薄膜使羊毛纤维具有柔和的光泽。晾晒时一般放在通风阴凉处，平摊或折半挂放，避免下坠造成腰身、袖子拉长，引起局部变形。衣物要自然晾干，并且要反面朝外，不宜在强光下暴晒或用火烤干，以防毛织品失去光泽和强力下降。

3. 丝类服装的洗涤

丝织品属于蛋白纤维，其质地细薄，表面光滑，具有独特的天然光泽。丝织品有绫、罗、绢、纱、纺、绉、绸、缎、绒、涤、锦等多种，用酸性染料，牢度差，易掉色。同色泽的衣物可以一起进行洗涤，如果色泽不一样，一定要分开进行清洗，若搭色会很难去掉。丝类服装应当选择中性、高级的洗衣粉或洗涤剂进行洗涤，水温不能过高，最好用凉水洗涤，且浸泡时间也不要过长，最好随浸随洗。一般来说，为防止衣物因发毛而失去光泽，不宜使用搓板搓洗，也不宜用洗衣机洗涤，最好手工洗涤，轻轻揉搓。

清洗后千万不要用力拧干，并且最好反面朝外，用衣架挂于阴凉通风处晾干。因为丝绸类服装耐日光性能差，所以不宜日光暴晒，以免色泽、手感变差，颜色较深或色彩较鲜艳的服装特别要注意这一点。

真丝衣服长时间使用后，容易发硬，可用白醋稀释液或丝绸柔软剂浸泡以恢复其柔软度。

4. 化纤服装的洗涤

化学纤维服装一般吸湿性差，静电大，且易吸尘，它们易脏但也容易清洗，一般的肥皂和洗涤剂都可以使用，机洗或手洗也都可以。洗涤化纤衣物时，应当根据不同品种采用不同的洗涤方法。洗涤时，可以先把领子、袖口、前胸等易脏处用软毛刷进行刷洗，然后再揉洗衣物。化纤衣物的熔点比较低，水温不可以超过40℃，千万不能使用热水，且在洗涤液内浸泡的时间不宜过长（注意保护色泽）。清洗时应当轻轻揉搓，不能猛搓，禁止使用搓板进行搓洗，如果用力过大，会使织物表面起球。如果机洗，脱水1~2分钟就可以了，脱水后需要整形晾晒。化纤衣服不宜在阳光下暴晒，应置于阴凉处凉干为佳。因为腈纶纤维暴晒后容易变色泛黄；锦纶、丙纶及人造纤维在阳光下暴晒后纤维容易老化；涤纶和维纶在日光作用下会使纤维的光化裂解加速，影响面料的寿命。

5. 羽绒服装的洗涤

羽绒服的面料一般是以尼龙或涤棉、填料鸭绒为主。尽量少洗，如果羽绒衣不太脏，尽量不要水洗，可用毛巾蘸汽油轻轻擦拭领口、袖口、前襟等部位，油污去除后，再用汽油或干洗剂重新擦拭，等汽油或干洗剂挥发干净后就可以穿了。如果羽绒服很脏，可采用整体水洗法。先将羽绒服放入冷水中浸泡20分钟左右，选用中性洗涤剂，最好是专用的羽绒服清洗剂，这类清洗剂不会使衣服泛黄。然后将已经浸泡好的羽绒服取出，压干水分，放入已经兑好的洗涤液中，再浸泡10分钟左右。随后取出浸泡在洗涤液中的羽绒服，平铺在干净的台板上，用软毛刷蘸取洗涤液轻轻刷洗，先刷洗里面，然后再刷外表，最后刷袖子的正反面（即越是脏的地方越放在后面刷）。漂洗时千万不要揉搓，以免羽绒堆积。

羽绒服洗好后，不能拧干，应当将漂洗干净的羽绒服用干浴巾包裹后轻轻吸出水分，或用洗衣机甩干，又或者是将漂洗过的羽绒服放在网兜里沥水，然后平铺或挂起放在不太强烈的阳光下晾晒或通风干燥处晾干，禁止暴晒，也不要熨烫，以免烫伤衣物。晾晒时勤加翻动，使其充分干透，干透后用小棍轻轻拍打衣面，即可使羽绒服恢复蓬松柔软状。

6. 西服、毛呢、皮革等高档材质服装的洗涤

西服、毛呢、皮革等高档材质服装因其材质特殊，一般家庭洗涤会对衣物造成损伤，所以最好送到专业的洗衣店进行清洗。

7. 牛仔裤的洗涤

牛仔裤在洗前要先进行一些基本的保色处理，否则牛仔裤很快就会洗白。清洗牛仔裤时，先将牛仔裤放入加了洗衣粉的溶液中浸泡 20 分钟左右，切勿用漂白剂，然后用刷子刷洗，不要机洗，且水温应当保持在 40℃ 以下。若牛仔裤无油污或不是很脏，尽量减少洗衣粉用量，甚至可以用清水进行洗涤。

牛仔裤如果要脱水，要将里面翻过来脱水，时间不能太长，1 分钟即可。晾晒时，从腰部挂起，同样要翻过来进行晾晒，并晾在干燥通风的地方，以免阳光暴晒引发严重的氧化褪色。

8. 皮鞋的清洁

先用布擦去皮鞋表面的尘土，再根据不同鞋面选择不同的鞋油，然后用软布反复擦拭。如果要保证皮鞋乌黑发亮，可以在打完鞋油后喷上一点水，然后用柔软的细绸布进行打磨擦拭。若在擦皮鞋的时候加涂一层蜡油，再用布或丝绸进行擦抹，皮鞋会更加光亮。

第二节　衣物的保管

家庭一般使用衣橱、衣柜、箱子或抽屉等存放衣物，但无论用什么存放，都要根据衣物的材质、重量等选择合适的保存方法。

一、服装保管的基本方法

（1）潮湿衣物要晾干以后再收存。检查所有口袋，若有遗漏的东西，要及时拿出来，避免损伤面料。

（2）长时间收藏的服装要置于通风干燥处。

（3）晾晒后的衣物一定要等到通风晾干后再收存，不宜在比较高的温度时就收起来。

（4）内衣、内裤要和其他服装分开存放，不同质地、不同季节的服装也要进行分类存放。

（5）服装不可以长期越季保管、收存，要经常通风、晾晒，防止污染、虫蛀、受潮、发霉。

（6）存放服装的柜（箱）中应当放一些防虫剂、樟脑丸，以防服装被虫蛀。

二、衣物存放的基本顺序及原则：

（1）衣柜的上方可以放一些大件或重的衣服，下面可以放一些轻的、薄的、小件的衣服。

（2）一般质地的上衣可以直接将两边的袖子重叠，取衣领的中线对折整齐，然后拦腰折好就可以了。质地比较贵重的上衣可以参照成衣店的折叠方法进行折叠。毛料衣物以及近期穿的丝绸上衣在洗烫之后可以挂在衣橱内，不用再进行折叠。

（3）有裤线的裤子，一定要根据裤线的位置进行折叠，不然折出的裤子会出现重复的裤线，穿起来不好看。如果裤子没有裤线，可以以裤子的正中间为中心线进行折叠。

（4）被单、桌布等一般是对边进行折叠，折好后叠放在衣柜或箱子里即可。

三、不同衣物的保管

1. 棉麻衣物的保管

棉麻衣物在收藏前一定要清洗干净，充分干燥，折叠整齐，存放到严密的衣箱或衣柜内。一般有些新的纯棉衬衫、裙子等在收藏之前也要用清水将新衣物的浆料洗去，以防虫蛀。注意要按照颜色深浅分开存放。由于这类衣物比较耐压，可以叠放在衣柜的最下面。针棉织品或带有如拉链、裤带扣、金属纽扣等金属物的衣物最好用塑料袋包好后再进行收藏。

因为棉质衣物极易生霉，所以收存时要注意：应在衣柜内放置吸湿剂，避免棉麻类衣物发生霉变。如果有羊绒或丝棉的棉质衣物，进行收存时应每件放 5 粒左右卫生球。

2. 毛料衣物的保管

（1）换下来的毛料衣物不可以随意堆放，存放前应将污渍和灰尘去掉，并保持清洁干燥，再放进箱柜内。

（2）各种毛料服装应当悬挂存放于衣柜内，放入箱内时应当反面朝外，避免褪色风化。

（3）毛料服装在收藏的时候应当与用纸包好的防霉、防虫药剂同放，尤其是大衣口袋可以适当放一些。收藏后的衣服，最好每个月透风 1~2 次，避免虫蛀。

（4）白色和浅色衣物吊挂存放时不要使用木质衣架和铁衣架，避免衣物被污染进而泛黄变色。

（5）毛线或毛线衣裤混杂存放时，应用干净的布或纸将其包好，避免绒毛玷污其他衣服。进行包装时应在毛面的地方放入 10 粒左右卫生球，最后装进严密的衣箱内或衣柜内。

3. 丝绸衣物的保管

丝绸织品容易发霉、生虫、变色。薄型的内衣、裤子、裙子、睡衣、衬衣等，一定要彻底清洁干净，熨干后再进行收藏。对不方便拆洗的秋冬季服装、袄面、旗袍，可采用干洗法进行洗刷，洗干净后熨平，避免发生霉变、虫蛀。经过熨烫的衣物可以有效进行杀菌灭虫。将衣物收存在衣箱内时，要保持衣箱内清洁、干燥。

这类衣物怕压，可用衣架挂起放在衣柜内或放在其他衣物的上面，最好适当放一些防虫药剂，切记要用纸包好。

4. 化纤衣物的保管

（1）化纤类服装不怕虫蛀，但是收藏前仍然需要洗净晾干，避免发生霉斑。洗后还要熨烫并叠好平放。

（2）腈纶、丙纶、涤纶、锦纶等合成纤维类衣物进行保管时没有特殊要求，但尽量不要使用樟脑丸。因为樟脑丸的主要成分是萘，其挥发物能够溶解化纤，容易对化纤织物的牢度产生影响。

（3）化纤织物中的人造丝、人造棉等服装，如果不能妥善保管就会被虫蛀，所以收藏时必须放樟脑丸，而且衣服要叠平再收藏，不宜长时间吊挂在衣柜内，这是因为衣物长期吊挂会悬垂伸长。

（4）如果是混纺织物，为避免毛、棉纤维遭到虫蛀，可以放一些樟脑丸，但注意不宜放得太多，且不能直接与衣服接触，避免化纤强度降低。

5. 羽绒服的保管

收存羽绒服之前必须要洗净，晾晒干燥，回凉至室温后，用透气的物品（比如整理袋）包好，放入一粒樟脑丸防止虫蛀，然后放到通风干燥的衣柜里就可以了。注意不要在上面放过多的东西。

夏秋季节雨水比较多，雨季过后，最好将羽绒服取出来进行晾晒，防止霉变；若发现有霉点，可以用棉球蘸酒精进行擦拭，然后用干净的湿毛巾将其擦洗干净，待晾透后再进行妥善保管。

6. 西装、皮革的保管

（1）不穿西装的时候，应当使用专用的西装衣架将其吊挂好，最好选用专用的木质或塑料的宽柄圆弧衣架，这类衣架一般多是衣裤联合架。折叠时对齐裤线，夹住裤脚，将其倒挂起来。吊挂衣裤的时候，要将衣裤所有口袋里的东西全部拿出来，不然会损伤衣裤，导致衣物变形。

(2) 保管皮革类服装之前，应当将其送到专业的皮革保养店里进行一次全面的保养，然后晾晒一下。皮衣最好要挂放，不可以折叠。保存皮革制品时应当保持通风干燥，不要放在不透气的包里或塑料袋内进行保存，可以放进专用的皮衣保养袋中，也可以用布或单衣盖住。皮革服装如果受潮了应当及时晾干。存放期间最好进行 1~2 次晾晒，但切勿置于阳光下暴晒，且不要将樟脑丸等驱虫药剂放进衣柜中，因为此类驱虫药剂会让皮衣染上非常强烈的异味而且不易消除，更不能将樟脑丸等驱虫药剂和皮衣直接接触，以免腐蚀皮革服装。

7. 皮鞋的保管

皮鞋通常是由牛皮、马皮、猪皮和羊皮制成，经久耐穿，既怕潮又怕干，棉皮鞋还怕生虫，应经常保持干燥。受潮后要放在阴凉通风处晾干，不穿时应放在干爽的地方。鞋内用棉丝或旧布顶起以防变形，然后在鞋面上涂一层鞋油，用刷子擦匀后装入鞋盒，存放在离地面 30 厘米以上的箱内、橱内。棉皮鞋除按上述方法处理外，还应在鞋内放入几粒卫生球，以防生虫。另外，皮鞋不要久放不穿，否则皮革容易老化发脆。

第三节　不同污渍的洗涤方法

一、去除污渍的注意事项

去除污渍是一项非常谨慎细致的工作。若处理不当不仅会对衣服的色泽及美观造成影响，严重的还会造成衣料损伤，降低衣料的使用寿命。操作时应当注意以下几点：

（1）对沾上污渍的衣物要及时去除污渍，不能长时间放置。

（2）要对污渍的情况有一定的了解，不然就无法采用相应的去污方法，严重的还会加剧污渍污染。

（3）要针对污渍的种类不同以及衣服的质料不同，选择不同的除渍药水。操作时应当由浅入深，以确保合理正确。

（4）处理丝毛织物上的污渍时一般不用碱水或氨水，如果必须要使用时，浓度要淡，速度要快。

（5）草酸有毒性，浓草酸容易造成衣料损伤；高锰酸钾是强氧化剂，会使衣料的颜色遭受破坏。

二、衣物去除污渍的巧妙方法

衣物上经常会留下一些污渍，一般均可以采用化学结合物理的方法进行去除，生活中也有许多小窍门可以巧妙地去污。衣物污渍可归纳成四大类别，如下：

1. 蛋白质污渍：血渍、蛋渍、奶渍、肉汁渍、可可渍

（1）在污渍没有干透时，先用冷水进行揉洗，然后以温和的洗衣粉溶液清洗干净。

（2）已经干透的污渍，可以先用水浸润，再用少许的食盐进行擦洗，然后用洗衣粉溶液清洗。

（3）注意不要用热水冲洗，以防蛋白质凝固，难以清除污渍。

（4）用生物清洁剂清除蛋白质污渍效果最佳。

2. 酸性污渍：果汁渍、果酱渍、醋渍、汗渍、酒渍、尿渍

（1）没有干透的污渍，可以用温水进行冲洗。

（2）已经干透的污渍，可以选择硼砂溶液进行擦洗，然后再用一般的洗净方法进行处理。

（3）也可以用碱性去渍剂进行去除，比如 1 份亚摩尼亚混合 4 份清水的溶液。

3. 油污性质：油漆渍、唇膏印、油渍、鞋油渍

（1）将两张吸墨纸放在污渍的正反两面，铺平，然后用高温熨斗熨压吸墨纸，等到油渍被吸墨纸吸净之后再进行清洗，直至洁净。

（2）针对顽固的污渍，可以选用如松节油、天拿水、工业酒精

等强力去污剂进行擦拭，然后再用一般的清洁方式洗净。

4. 其他污渍：原子笔渍、香口胶渍

（1）对原子笔渍，可以用柠檬汁进行擦拭，然后将其浸在冷水中洗净。对于顽固污渍，去渍方法可以参照去除油性污渍的方法进行。

（2）香口胶渍可以先将冰块放在上面，待其硬化，用刀尽量刮除，剩下的污渍处理可以参照去除油性污渍的方法进行。

第七章 婴幼儿的护理

在现代家庭中，孩子是父母的掌上明珠，为其提供良好的环境与精心合理的护理是父母尤其看重的。因此，作为一名保姆，要配合好婴幼儿的父母及其家人照顾好婴幼儿，这不仅包括照顾婴幼儿的饮食起居，还要注意孩子异常情况的处理，以使婴幼儿能够健康、安全地成长。

第一节 婴幼儿的饮食料理

一、婴幼儿饮食的特点

由于婴幼儿的各项身体机能尚未完善，所以要针对其身体情况制定特殊的饮食计划，这就要求保姆要对婴幼儿的饮食特点有一定的了解，主要有以下几个方面：

（1）婴幼儿的主要食品是乳类，其他食品的作用主要是为了弥补乳类食品中所缺失的营养成分。

（2）婴幼儿的饮食应当满足细、软、烂、小、巧的特点，注意培养和锻炼婴幼儿的咀嚼能力，特别是2岁前的婴幼儿。

（3）婴幼儿的食物最好现吃现做，尽量减少食物中的各种营养素的流失。

（4）婴幼儿的饮食顺序要从流食到半流食，从软食到固体食物。

（5）当婴幼儿长到1岁以后，其饮食要区分主食与副食。主食主要为各种谷类做的饭，副食则为各种荤菜和素菜。其饮食原则是吃好、吃杂，不能让婴幼儿的食谱太窄，也不可以太过讲究。这样不仅可以保证婴幼儿的饮食具有足够的营养，又可以从小培养婴幼儿不挑食、不偏食的好习惯。

二、婴幼儿的喂食

（一）给婴幼儿喂奶

1. 调配奶粉

（1）调配奶粉前，要做好准备工作。调配奶粉前的准备工作包括洗净双手、备好奶粉和调配奶粉的用具。调配奶粉的用具一般包括奶瓶（奶嘴和瓶盖）、取奶粉的用勺、调配奶粉的用杯（先将奶粉倒入专门的调配杯中进行调制，调好后再倒入奶瓶中）、凉白开水及热水等。调制奶粉时要先放入凉开水，再加热开水，水温要控制在38~40℃。

（2）调配奶粉时，要严格按照要求进行。不同年龄的婴幼儿所需要的奶量不一样，不同品牌的奶粉其调配的方法也不一样，每个雇主的具体要求也有所差别。保姆在调配奶粉前，首先要对调配的基本方法有一定的了解，这就可以通过询问雇主得知，而且还要仔细阅读奶粉包装上的说明。通常奶粉包装袋或包装盒上都会有关于如何调配奶粉的简图说明或文字说明。比如“食用方法”、“用量参考表”等，应当仔细阅读并熟练掌握以下关键内容：

①次序。水和奶粉的放入先后顺序。

②温度。调配时要用多少温度的水。

③用量。多少勺的奶粉能够调配出多少量的奶（通常奶瓶上都会有刻度表示奶量）。最好是结合调配说明和雇主的具体要求，以保证调配的基本方法正确。

（3）奶粉调配好后，要做好整理收藏工作。调配好奶粉以后，要及时将奶粉盒盖盖好，或者将奶粉袋的袋口扎好，置于避光的地方或放进冰箱内进行收藏，然后把调配奶粉的用具洗净，需要进行消毒的要及时消毒。

2. 喂奶的注意事项

用奶瓶给婴幼儿喂奶的时候，需要掌握下面几种正确方法。

（1）喂奶前要做好准备工作，如下：

①喂奶前要先将婴幼儿的尿布换好，尿布的包裹要舒适。

②在用奶瓶给婴幼儿喂奶之前，应先洗净双手。

③将已经消毒的奶瓶、奶嘴取出，注意奶嘴应当竖直向上，切勿

弄脏奶嘴。

④将调配好的奶倒入奶瓶，拧紧瓶盖即可。

（2）在将双手洗净之后，一般可以按照下列程序给孩子喂奶：

①确定奶的温度与流速

使用奶瓶给婴幼儿喂奶（水）前，必须先检查确定奶的温度及流速是否合适。检查温度的方法是将奶瓶倾斜，向自己手腕内侧的皮肤上滴几滴奶，感觉不烫就可以了。切勿用嘴尝，以免污染奶嘴。奶水的流速也要适中，检查流速的方法是将奶嘴朝下让奶自然流出，以每秒几滴为宜。流速太慢，孩子喝得费劲且容易疲劳，流速太快则容易造成呛咳。

②给婴幼儿取舒适的喝奶体位

找一个安静舒适的地方坐下，把孩子放在膝上，一只手把婴儿抱在怀中，使孩子的头部正好落入肘窝里，同时用前臂撑住孩子的后背，婴儿的整个身体约呈45°倾斜，以确保其呼吸安全、吞咽容易，以免呛咳或引发呕吐。看好吃奶的进度，如果有异常可以更换姿势。

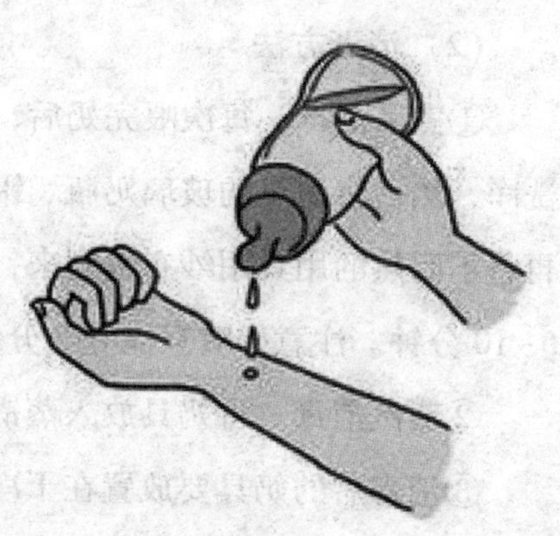

测试奶的温度

③正确使用奶瓶喂奶

用奶嘴轻碰孩子的嘴，等到孩子一张开嘴就要顺势将奶嘴放进婴儿的嘴里。奶嘴不能插得太深，否则容易引发孩子呛咳。孩子喝奶的时候，奶瓶与孩子的脸要呈直角，让奶液充满整个奶嘴，以免婴幼儿吸入过多空气。因为奶嘴中有空气，会呛着孩子。如果奶嘴被婴幼儿吸瘪，可慢慢从婴幼儿的嘴中拿出奶嘴，让空气进入奶瓶，以使奶嘴恢复原样，也可以将奶嘴罩拧开，放入空气，然后盖紧。

④喂奶后轻拍婴幼儿背部

喝完奶，不能马上让婴幼儿躺下，应将孩子竖着抱起，靠在肩头，轻轻拍其背部，使其打嗝，排出胃里的空气，以防漾奶。

3. 奶具消毒

(1) 准备器具

消毒锅、奶瓶（6~8 支)、洗奶瓶专用的毛刷 1 支，以及夹奶瓶、奶嘴用的镊子。

(2) 消毒方法

①煮沸消毒。每次喂完奶后，应当及时将奶瓶、奶嘴及其他用具洗净，然后将耐热的玻璃奶瓶、镊子等用具放入冷水锅中煮 10 分钟，再将不耐热的用具用纱布包起来，如奶嘴、奶盖等，一起放入锅中煮 5~10 分钟。注意奶嘴只能煮 5 分钟。

②蒸汽消毒。将奶具放入蒸锅内蒸 20~30 分钟。

③消毒后的奶具要放置在干净的地方晾干，以备下次使用。

(二) 给婴幼儿喂水

婴幼儿在 6 个月以前可以用奶瓶为其喂水，6 个月以后就可以引导婴幼儿用杯子进行喝水。一开始最好使用有引水口的杯子，渐渐地再换成普通的杯子。刚开始时要将杯子拿起喂水，大约 10 个月的时候，可以慢慢练习让婴幼儿自己拿杯子喝水。

1. 喂水的需求量

婴幼儿，特别是新生儿，因其新陈代谢比较快，所以除了喂奶之外，还需要多喂水。纯母乳喂养的新生儿一般不需要喂水，牛奶喂养的新生儿需要多喂水。喂水量也应当随着天气的变化以及婴幼儿自身体质的差异而有所区别，要灵活掌握。夏季应当增加喂水的次数，但不要太多，以免引起水肿。

2. 喂水时间

喂水的时间最好在每 2 次喂奶之间，喝水时水中可加入适量白糖。

3. 喂水种类

可以喂温开水，或者喂蔬菜汁或水果汁，还可以喂蜂蜜水。

4. 喂水用具要求

要用勺子喂，刚开始的时候可能要一滴一滴地喂，喂的时候要有耐心。

（三）给婴幼儿喂饭

（1）一开始的几个星期，最好在喝完奶后喂食物，最适宜的时间段分别是上午 9～10 点和下午 3～4 点，并选择固定的喂饭地点坐好。

（2）当婴幼儿在吃东西时，给婴幼儿围好围嘴以免弄脏衣服。还可以用旧报纸或塑胶垫垫在高脚椅下面，以保护地板（特别是铺了地毯的地板）。

（3）喂饭时一定要缓慢细致，不要催促孩子。喂后要让孩子漱口，然后整理餐具。

（四）进食时的注意事项

（1）进食、喂水时要保持婴幼儿的注意力集中，避免发生分散婴幼儿注意力的事情。

（2）创造良好的进餐环境，不要让孩子哭时或哭后立即进食，也不要在孩子吃饭的时候批评或责备孩子，以免影响孩子的食欲以及对食物的消化吸收。

（3）要保证婴幼儿的进餐安全。在孩子吃饭或喝水的时候，不要引逗孩子发笑，更不能将勺子伸进孩子嘴里过深。要耐心喂食，等孩子将食物完全吞咽下去之后再喂下一口，否则容易使孩子呛着、噎着。

（4）婴幼儿在练习自己抓取食物的时候，不要将婴幼儿独自留在原地而离开，并要确认婴幼儿躺着的时候嘴里没有食物，避免卡住喉咙而呛到。

三、婴幼儿的辅食添加

（一）辅食添加的原则

一般来说，从婴儿 4 个月开始，除了喂母乳或牛奶外，还要逐渐给婴儿添加喂养一些蔬菜泥、香蕉泥、苹果泥等食物。添加辅食时，应当按照以下原则进行：

（1）从少到多。初期一次只喂一种新的食物，每次 1/4 匙，一天吃 1~2 次，每次逐渐增加分量，适应 3~4 天后，若没有出现过敏现象，才可以再试另一种新的食物。如果婴幼儿产生不良反应，比如过敏，则要避免让婴幼儿再吃到同类食物。

（2）由稀到稠。一开始婴幼儿的辅食应当质地细腻，有利于婴幼儿学会吞咽动作，然后渐渐增加辅食的黏稠度，以适应婴幼儿胃肠道的发育。

（3）辅食制作由细到粗。

（二）辅食添加的注意事项

（1）初喂婴幼儿制作辅食的时候需要有耐心，不要强迫喂食。

（2）为婴幼儿进食创造愉快的氛围。

（3）尝试了解婴幼儿进食后的反应以及身体语言。

（4）婴幼儿患病或者酷暑时应当暂缓添加辅食。

（5）添加辅食后要注意观察婴幼儿的情况并及时调整。

（6）应当使用小勺子进行喂食，而不要放在奶瓶中让婴幼儿吸吮。

（7）最好添加专为婴幼儿制作的食品，或者选择婴幼儿专用的辅助添加品。

（三）婴幼儿辅食的制作

（1）制作辅食之前，首先要洗净双手，然后将食材及餐具清洗干净，要严格注意卫生问题。

（2）婴幼儿的牙齿与吞咽能力还没有发育完全，制作辅食的时候要将食物处理成汤汁、细碎状或泥糊状，这样有利于婴幼儿消化。

（3）初期给婴幼儿制作辅食时，食物的浓度不能过高，比如蔬菜汁、新鲜果汁，最好加水进行稀释。

（4）辅食尽量选用自然食物，而且最好不要添加调味料，比如香料、食盐、味精、糖等。

（5）烹煮食材时尽量不要太油腻。

（6）制作好的辅食，不宜在室温下放置过久，以免食物腐败。

（7）制作辅食时要注意食物的温度，尽量不要放入微波炉中高温加热，以免食物中的营养素遭到破坏。

第二节　婴幼儿的起居照料

一、婴幼儿的穿、脱衣服

（一）照料婴幼儿穿、脱衣服

婴幼儿的骨骼柔软，动作发展得不够协调，给婴幼儿穿、脱衣服有一定难度，必须掌握正确的方法，以免伤着孩子，同时室温要适宜，整个过程要注意保暖。给婴幼儿穿、脱衣服以及换尿布的一般程序是：

（1）把婴幼儿放到合适的位置上

让孩子平躺在床上，或者坐在床上，又或者将其放到腿上。

（2）脱下脏衣服

为婴幼儿脱衣服时要先脱掉鞋子，再脱下身的裤子和尿布，然后脱外衣、内衣等。如果是套头的衣服，注意不要让衣服领口触及婴幼儿的面部，特别是眼睛。首先脱下袖子，再将衣服卷成一个圈，然后撑着领口从前面穿过婴儿的前额，最后穿过婴儿的头后部脱下衣服。

（3）取下脏尿布

如果有大便，可先用尿布前半部分干净的地方将孩子身上的粪便擦掉，然后用小毛巾蘸专门的洗液、油脂，或者用清水擦洗婴儿的臀部。注意要从前往后进行擦拭，动作一定要轻柔，以免因擦拭方法不当而导致婴儿泌尿系统感染。清洗完后，将婴儿专用护臀膏或润肤油涂抹在婴儿的臀部。

（4）换好干净的尿布或一次性尿裤

一只手先将婴幼儿的两踝抓住，抬高其臀部，把尿布垫到其臀部位置，最后固定。

（5）穿上干净的衣服

先穿内衣后穿外衣，穿完上身然后再穿下身。若是套头的衣服，则需要将衣服卷成一个圈，并用双手拇指和食指部位撑开衣服的领圈处，然后先从婴儿的脑后往前面套下来，注意不要碰到婴儿的前额和鼻子，然后撑开袖口，轻轻地把婴儿的手臂牵引出来，最后将套头衫往下拉平；然后再穿另一只袖子。穿下身的时候，先把婴儿的腿引进连衣裤的裤腿，拉直，然后将带子或尼龙搭扣系好，最后整理衣裤的外形。整个过程中动作要轻柔，以免弄伤、弄疼婴幼儿。

（二）协助给婴幼儿穿、脱衣服的方法

若只是协助雇主帮婴幼儿穿、脱衣服，应当注意以下几个方面：

（1）做好准备工作。将婴幼儿准备更换的衣服、尿布找出来，并按照穿、脱顺序一一放好。

（2）选择合适的协助位置。要站到雇主的身旁，位置的选择最好既不会妨碍雇主的动作，又可以方便接递婴幼儿的衣服。

（3）穿、脱过程有序配合。注意观看雇主为孩子穿、脱衣服的过程，以便随时接过换下来的衣服、尿布放到合适的地方，并递上已经准备好要更换的干净衣服。若婴儿哭闹，可以在一旁对他说话，逗他笑或是用玩具吸引他的注意力。

（4）整理好穿、脱环境。将孩子的衣服换好之后，整理环境，将该拿走的东西都拿走，弄脏的地方擦干净，并清洗换下来的脏衣服，或者根据雇主的要求在合适的时间洗涤。

（三）常见衣物污渍的处理方法

（1）奶渍

用普通洗涤剂浸泡 1 小时后再进行清洗。或是先用冷水洗涤，然后用加酶洗衣粉进行揉搓，最后漂洗干净。

（2）呕吐物

在清洗衣服之前，先擦掉衣物上的呕吐物，然后再按照奶渍清洗方法进行清洗。

（3）汗渍

放入淡盐水中浸泡 1 小时，然后慢慢搓洗。

（4）鸡蛋渍

如果衣物上留有鸡蛋渍，清洗的时候首先要将衣物放进冷水中浸泡 1 小时左右，然后按照一般方法进行清洗。

(5) 果汁、菜汁

立刻将衣服放进清水中浸泡一会儿，然后用肥皂进行清洗即可。

(四) 注意事项

(1) 婴幼儿的衣物一定要漂洗干净，若未能彻底清洗掉残留在衣服中的洗涤剂，那么残留在衣服上的肥皂或洗衣粉将会损害孩子的皮肤，尤其是一些内衣、内裤，表现更为明显。

(2) 婴幼儿的衣物不要和成人的衣物放在一起进行清洗。应选择婴幼儿专用的洗涤剂清洗，不用除菌剂、漂白剂。

(3) 不要把沾有大便的衣物放在其他衣物里，并且要先将粪便除去，然后再洗涤。

(4) 沾有小便的衣物最好先冲洗掉衣物上的尿液，然后再按照一般程序进行清洗。

(5) 尿布不要和衣物放在一起，并先将尿布用水浸泡，洗去尿液，再按照正常程序进行清洗，洗后还要用开水烫一下，并定期煮沸消毒。纸尿裤属于一次性消费品，无须清洗，要注意合理丢放，不要乱扔。

二、婴幼儿的洗澡与日常盥洗

(一) 给婴幼儿洗澡和日常盥洗时的注意事项

(1) 做好清洗前的准备工作。洗澡前应将洗澡水、干净衣物、尿布、浴巾、小毛巾、尿垫、婴儿浴皂及洗澡盆准备好。注意调节室温在25℃左右，并将水温调到38℃左右，准备清洗用水时要先将冷水倒入，然后再往冷水里加热水，一边加热水，一边要测试水温，必要的时候可以用温度计测试水温，防止发生意外。测试温度时可将胳膊肘或手腕放进水里进行试温，不凉不烫即可。

（2）绝对不可以让婴幼儿单独留在浴缸里。要让婴幼儿在浴缸里坐稳，若婴幼儿开始上下跳动，应当坚决让他坐好，否则极易跌入水中，严重的话会让婴幼儿在一段时间内害怕洗澡并拒绝洗澡。

（3）禁止留长指甲，洗澡的过程中动作要缓慢轻柔，务必将婴幼儿的耳后、脖子、腋窝、大腿内侧、外阴等重要部位清洗干净。

（4）注意不要让婴幼儿的耳、鼻、眼等部位进水或肥皂液（沐浴液）。如果不小心孩子的耳、鼻或眼内渗入沐浴液或洗发液，要用清洁的水小心地将其冲洗干净。

（5）洗涤的时候要注意婴儿全身有没有异常，如果发现异常应当及时就医。整个洗澡时间必须控制在20分钟以内。

（6）任何清洗工作完成以后，都要及时拿走清洗用具，并将其放好，再将现场打扫干净，然后再清洗换下来的衣服。

（7）如果孩子刚吃完奶或是空腹则不宜洗澡；如果孩子有发热、呕吐、烫伤、腹泻、荨麻疹等疾病时不宜洗澡；若孩子生病或退热不足两天也不宜洗澡。

（二）婴幼儿的洗澡和日常盥洗方法

为婴幼儿洗澡以及进行日常盥洗可以保持婴幼儿皮肤的清洁卫生，使其能够适应水的刺激，以便以后养成良好的卫生习惯。

1. 洗澡

一般婴幼儿6个月的时候应该每天都要洗澡，6个月以后可以隔天洗一次。给婴幼儿洗澡的时候应当先调节好浴室的温度，最好在38℃左右，然后放洗澡水，同时要将干净衣物、尿布、尿垫、小毛巾、婴幼儿浴皂、洗澡盆、浴巾、防滑垫等物品准备好，然后将婴幼儿的衣服脱掉，用大毛巾或浴巾将其裹好，最后按照洗脸、洗头、洗身体等步骤进行清洗。

婴儿的洗浴用品

（1）洗脸

使婴幼儿的脸向上，用左手掌将婴幼儿的头和颈托住，用左手臂支撑其背部，并将其双腿塞在腋窝下，然后用右手拿小毛巾为其洗脸。一般的顺序是：洗眼部（从内眼角至外眼角）、嘴唇周围、耳朵（耳廓以及耳道口周围），最后再将脸整体进行擦洗。若有鼻涕，可以先将鼻涕擤净，然后依次对眼睛、嘴巴、耳朵等部位进行擦洗，最后再整体洗干净。

（2）洗头

用左手掌将婴幼儿的头和颈部托住，使其脸部朝上，同时以左手拇指和中指将耳廓捏住，堵住耳道，以防进水，然后使用温和的婴幼儿洗发液洗头，洗净后用毛巾轻轻擦干。

（3）洗身体

用左前臂将婴幼儿的双肩托住，左手将婴幼儿的肩和腋窝搂住，然后用右臂将婴幼儿的双腿搂住，右手将其一侧的臂部抓住，随后轻轻地将其放入水中，并露出头部和双肩。一般清洗的顺序是前身、后身、下身。洗背部的时候，注意要让婴幼儿趴在成人的右前臂上，再用右手将其肩部抓住，然后用左手进行清洗。

（4）洗脚

要先将婴幼儿的双脚放在温水里泡一会儿，然后将脚心、脚背、脚趾及趾缝清洗干净。

（5）洗臀部

每天都应给婴幼儿清洗臀部。给婴幼儿清洗臀部的时候应注意男女有别：给女婴清洗臀部的时候要注意先将小便部位清洗干净，然后再清洗大便部位，洗完后一定要将身体擦干再穿裤子。为男婴清洗臀部的时候，应轻轻向腹壁方向捋起包皮，将阴茎头露出，然后洗净污垢，洗完之后应当擦干后再穿裤子。

（6）擦干身体

洗完澡后，应迅速把婴幼儿放在浴巾上，切忌用力抹擦，因为婴幼儿的皮肤比较娇嫩，避免伤及皮肤，可轻拍全身将水分吸干。在皮肤的皱褶部位可以适当抹些爽身粉，以保持身体局部皮肤干燥。

2. 日常盥洗

婴幼儿的皮肤娇嫩，保护功能比较差，易受损伤及感染，因此必须注意常常保持身体皮肤的清洁。除此之外，婴幼儿皮肤的散热功能和保温功能均不如成人，可以说是不仅怕冷而且怕热，所以既应该注意不让婴幼儿处在温度过高或过低的环境下，也要随时注意气候的变化，为婴幼儿增减衣服。再加上婴幼儿皮肤的渗透作用很强，所以一些农药、酒精等可以通过皮肤渗入体内，导致中毒。因此，要注意使婴幼儿远离有毒物品。

为婴幼儿进行日常盥洗时，先用清水将婴幼儿的双手浸湿，再擦香皂，然后反复擦洗手指、指间、指甲缝、手心、手背部位，最后再用清水冲洗干净即可。给婴幼儿洗脸、洗头可参见前述。

三、照料婴幼儿的大小便

对于有婴幼儿的家庭而言，保姆工作中最重要的任务之一，就是照顾婴幼儿的大小便。所以为了更好地工作，保姆应当注意掌握照顾婴幼儿大小便的基本方法。

1. 掌握婴幼儿大小便的规律

（1）注意对婴幼儿每天大小便的大致次数、颜色、气味、时间与基本形状等进行观察。一般婴幼儿在吃奶和喝水之后 15 分钟左右就可能要排尿，然后每隔 10 分钟左右可能又要排尿。吃母乳的婴儿一天的大便次数为 3~5 次；喝奶制品的婴儿一天只有一次大便或没有，也有些可能两天大便一次，较易便秘。

（2）掌握婴幼儿大小便前的信号。1~6 个月的婴儿，有的大小便已经很有规律，尤其是每次大便的时候会有比较明显的表示。有的婴幼儿可能会身子乱动、目光呆滞，稍大一点的孩子会发出“嘘嘘”、“嗯嗯”的声音，但还不能自己有意识地进行大小便的控制，只是条件反射性地进行排便、排尿，这些信号都需要保姆悉心观察、仔细辨别才可以确定。

2. 训练婴幼儿大小便

婴儿一般 1~2 个月就能开始训练把大小便了，一般在孩子睡醒后而尿布未湿时，喂奶、喂水 10 分钟后，或者距离上次排尿一个半小时左右就可以进行把大小便训练。排尿时要把小儿抱起，双手把住小儿的双腿并将其分开，同时发出“嘘嘘”的声音，帮助形成条件反射。这个阶段训练大小便可能不一定会成功，不必着急，更不能强迫。

当孩子形成条件反射后，就会按指令进行大小便了。注意婴儿的膀胱容量非常小，所以把尿的间隔时间不能过长。通常年龄越小排尿越频繁，在孩子 6 个月的时候，当孩子清醒时，可以半小时到一小时把尿一次。在孩子入睡之前要把尿，入睡后数小时也应当把尿一次。随着孩子越来越大，把尿的时间可以相应延长。

从 5~6 个月开始，可以在婴幼儿喝完奶以后把便或让孩子坐便盆，同时发出“嗯嗯”的声音。如此每天坚持，反复进行，就可以逐步使婴幼儿形成定时排便的习惯。6 个月以后，孩子要小便时就会表现出来，但仍然需要保姆定时“提醒”，因为这时的孩子仍不能很好地控制排尿，稍不留神，就有可能会尿裤子。在孩子 1 岁左右，就应当要求让孩子自己学习坐尿盆了，且要将尿盆放在指定的地方，孩子有了尿意就会自己去解决，但仍然还会有尿裤子的可能。孩子到 2 岁时就完全能在白天控制排尿了。

3. 及时更换尿布并清洁臀部

一旦发现婴幼儿有大小便后要及时更换尿布，否则容易引起尿布疹等疾病。除此之外，婴幼儿每次大便后都要及时清洗其臀部。

四、婴幼儿的安全护理

婴幼儿时期，随着月龄及年龄的增长，婴幼儿的心理、动作及语言会迅速发展，因为学会了坐、站和走，其活动的范围逐渐扩大，接触的事物会增多，好奇心也会不断增强，不安全因素也就会随之增多，而此时的小儿尚未能完全识别危险，以致意外伤害的发生概率增高，因此保姆在照顾婴幼儿活动时要特别注意安全。

（一）婴幼儿安全护理原则

1. 提高安全意识，做到防患于未然

保姆应当对婴幼儿身心发展特点有所了解，牢固并树立安全第一的意识，熟悉掌握婴幼儿的活动规律，以培养预见及防范危险的能力。

2. 选择安全的活动场所

保姆要养成习惯，不管将婴幼儿带到任何地点进行活动，首先都要先对婴幼儿可能触及的地方进行检查，看看有没有明显的不安全物品或设施，如果有应当及时将其移开、遮挡或注意躲避，以使其远离危险。

3. 密切注意婴幼儿活动

当婴幼儿独自玩耍或者是和其他小朋友一起玩耍时，要站在离孩子不远的地方，密切观察孩子的活动表现，一旦发现孩子的举动有危险，比如从婴儿车内往外爬、拿着小棍在其他小朋友面前挥动或捡拾玻璃碴儿或小钉子等，都需要及时上前加以制止。

（二）不安全因素的识别与防范

1. 室内不安全因素与防范措施

（1）婴儿的床应该有护栏，假如没有护栏，孩子在上面活动时易发生坠床事故，此时保姆应当密切守护，一刻也不能离开。

（2）若婴儿床的栏杆之间比较宽，孩子在活动时可能会造成跌落或卡住头颈部，这就要设法减小栏杆间距，可用柔软的东西挡好或堵好。

（3）若室内的地面比较滑、不太平整或有突出物，可能会绊倒婴幼儿，保姆可以建议雇主采取措施进行修整，或者看紧孩子，以便随时给予保护。

（4）若房间内有一些带电的装置或器械，比如电插座、电加热器、电线等，婴幼儿可能会触碰到它们，要注意教育婴幼儿不要触碰这些物品，同时还应当采取必要的措施。比如收起来，或者放在婴幼儿触碰不到的地方，或者用家具遮挡。

（5）如果房间中的一些热源，比如暖气、炉火等没有加罩或防护栏，则婴幼儿活动时会存在一定的安全隐患，应当采取必要的保护措施并随时注意照看好婴幼儿，避免其有触碰的机会。

（6）婴幼儿在爬行或行走的时候，可能会接触到比较坚硬的家具或其他物体的边角或把手，应当注意给这些物品包上海绵或厚布，并避免孩子接触。

（7）婴幼儿经常使用或可能攀爬的家具，比如桌、椅、板凳等，要结实、平滑（无刺），坏了就要及时修理或移走。

（8）如果房间内的窗户距离婴幼儿床很近，或者窗下有可以攀登的物品，比如桌、椅等，婴幼儿有可能会爬上去，则容易发生婴幼儿摔伤或坠落事件，最好将其移开，不能动的则一定要注意插好窗户的插销，并留意照看婴幼儿。

（9）阳台上的栏杆低矮、间距比较大或窗下有可以攀爬的物品，比如纸盒、箱子、高椅子等，都会危害婴幼儿的安全，应该采取相应措施将其挡好或移开，并避免婴幼儿独自在阳台上玩耍；住高层建筑的时候，禁止抱着婴幼儿在阳台或窗户前向下观望，以免失手掉下。

（10）婴幼儿的玩具应当要保证安全、无毒、无害，不可以让婴幼儿玩有锋利边角、不干净、带刺、开裂、掉色、容易破碎、部件容易脱落的玩具或其他物品；不能让婴幼儿玩体积过小、重量过大、可以放进嘴里以及会发出刺耳声音的玩具或其他物品；不能让婴幼儿玩带有长线或细绳的玩具，以免缠住手指和脖子，造成危害。

（11）要将热水瓶、水壶、杯、火柴、打火机、刀、碗、花瓶、剪刀、针、别针等易碎、易燃、锋利的用具或物品放到婴幼儿触摸不到的地方，避免发生烫伤、烧伤、割伤等；洗发液、洗涤剂、杀虫剂、去污粉、消毒水、洁厕剂等药品及有毒或有刺激性的化学用品也要存放在婴幼儿无法触及的地方。

（12）开关门窗要小心，避免夹到孩子的手；家里各种家具的抽屉使用完以后要记得上锁，防止孩子或其他人开关时不小心夹到手；不用冰箱的时候要随时锁住，防止婴幼儿将门打开，误入冰箱或冰柜，将自己反关在里面。

2. 户外不安全因素与防范措施

（1）婴幼儿户外活动范围内的地面如果不平整，或者有树杈、玻璃碎片、铁皮、木屑、绳索，或者有没盖好的井盖、阴沟盖，以及有坑、沟等，均会危害到婴幼儿的安全，因此在户外进行活动的时候，保姆应当先对婴幼儿活动的区域进行检查，看看有没有上述不安全因素，如果有及时清除或者另外去其他地方。

（2）池塘、高压线、建筑工地、马路或车辆比较多的地方具有潜在危险，婴幼儿应当远离。

（3）婴幼儿在户外进行活动时，常常会捡拾各种东西当作“玩具”，甚至还会放进嘴里，比如小石子、废盒子、碎玻璃、冰糕棍、小树杈、树叶等，这些物品当中有些会危害到婴幼儿的安全。因此，保姆要做到及时识别婴幼儿所捡拾的物品是否安全，并教育婴幼儿懂得基本的安全常识。

（4）推婴儿车过马路的时候，要走人行横道，遵守交通法规，遵行“红灯停，绿灯行”原则；如果带会走路的孩子过马路，则要将孩子抱起来，或者拉紧孩子的手，并按照交通规则通过。

（5）乘车、乘地铁、乘电梯，或者在公园、商店等人员混杂的地方时，要将孩子抱起或者拉紧孩子的手；在公共场所严禁独自留下婴幼儿离开，或者交给陌生人看管，防止孩子走失或被拐走。

（6）带孩子去游乐场所玩耍的时候，所选玩具或项目应当适合婴幼儿玩耍，玩耍前一定要充分了解该玩具或设施的安全性。

五、照料婴幼儿睡眠

睡眠是婴幼儿的生理需要。首先要为婴儿选择一个合适的床。床的软硬程度要适中，最好选择木板床，以确保婴幼儿的脊柱正常发育。婴幼儿睡眠时，体内会过多地分泌生长激素，能够有效地促进小儿的身高、智力等方面。

1. 帮助婴幼儿养成按时睡觉的习惯

尽量将婴幼儿的睡眠活动安排在固定的时间内，以形成习惯，以后只要到了睡眠时间，婴幼儿便会产生困意进而很快入睡。

2. 营造良好的睡眠环境

（1）室内的温度控制在20~23℃。

（2）卧室的环境要安静。尽量降低说话的声音，并将电视、音响等声音调低。

（3）室内的灯光最好暗一些，避免灯光或阳光直接照射在小儿的脸上。

（4）注意开窗通风，以确保室内的空气新鲜。

3. 不同年龄婴幼儿的睡眠次数和时间

新生儿每天要睡 18~20 个小时，1~6 个月的婴幼儿每天要睡15~18 个小时，7~12 个月的婴幼儿每天要睡 13~15 个小时，1~3 岁的幼儿每天要睡约 12 个小时，4~6 岁的学前儿童每天的睡眠时间约为 11 个小时。

4. 帮助小儿做好睡前准备

（1）晚饭要吃得清淡一点，不宜吃得过饱。

（2）睡前不吃零食。

（3）睡前应注意清洗婴幼儿的脸、脚及臀部。

（4）睡觉时应当换上宽松、柔软的睡衣，且不宜穿太多。

（5）睡前不宜让小儿过于兴奋。

5. 注意事项

（1）被子切勿盖得太厚。

（2）每个婴儿的睡眠时间都不同，不仅要时刻关注婴幼儿的睡眠时间，更要关注其睡眠质量。

（3）要确保婴幼儿的睡眠时间充足，避免对婴幼儿大脑的充分休息以及身体的正常发育造成影响。

（4）开窗睡觉时注意不能让风直接对着孩子吹，以防受凉感冒。

（5）不能以逼迫、威胁、吓唬的办法哄孩子睡觉，这样既不利于婴幼儿快速进入睡眠，还会使其睡得不安稳，容易惊醒，从而影响睡眠质量。

第三节　异常情况的预防与应对

一、婴幼儿异常情况的预防

（一）防外伤

1. 注意剪掉线头

尿垫和手套上的线头有可能会将新生儿的小手指（或小脚趾）缠住，从而不利于新生儿的小手指（或小脚趾）的血液循环，甚至会导致终身残疾。

2. 洗澡的要求

给新生儿洗澡的时候，浴盆内要先倒入冷水然后再倒热水，洗前一定要先试一下水温，确保水温合适的时候再将新生儿放到盆中，同时注意将其头部托住，以防滑坠水中。

3. 预防动物咬伤

预防小动物咬伤或抓伤新生儿，另外，动物的某些疾病还会传染给新生儿。

（二）防窒息

1. 婴幼儿睡觉

当婴幼儿睡觉的时候，不要捂住婴幼儿的面部，要充分露出婴幼儿的口鼻，尤其是不能搂着婴幼儿睡觉，因为熟睡翻身的时候非常容易压到婴幼儿，从而导致婴幼儿发生窒息。尽量不要和婴幼儿睡在同一张床上，以免睡熟后，误用被子或者手臂捂住婴幼儿的脸部。切不可让婴幼儿俯睡。

2. 喂养

人工喂养时，奶瓶的橡皮奶嘴的孔不能太大，婴儿吃奶的时候不能太急。每次吃完奶之后要将新生儿抱起，轻轻拍打后背，等婴幼儿打出嗝后再将其轻轻放下。取侧卧位可以减少吐奶和呛奶，以防发生窒息。

3. 物品的放置

不可以将塑料布、绳线等物品放在婴儿床上，避免婴儿的口鼻被遮住，或者发生绕颈的现象，从而导致窒息。

4. 被子、床的要求

婴儿盖的被子不能太大和太重；选择符合安全标准的婴儿床。

5. 外出

外出的时候，不要把婴儿包得过于严实。

（三）防烫伤

1. 保暖时的水温要求

用热水袋或热水瓶给婴幼儿加温或保暖的时候，水温不能超过50℃，而且不可以直接接触到婴儿的皮肤。应将热水袋或热水瓶用毛巾包好，并拧紧盖口，然后再放到被子外边。

2. 洗澡时的水温要求

给婴幼儿洗澡的时候，水温在40~45℃为宜，要先放凉水然后再加热水，并用前臂的内侧先测试水温。

（四）防环境污染

1. 避免噪声、强光线刺激

由于婴幼儿的神经系统发育尚未完善，不能很好地适应，长时间的噪声和强光刺激容易让婴儿的视觉功能或听觉功能出现障碍。

2. 婴幼儿室内禁止吸烟

由于婴幼儿对尼古丁非常敏感，若吸入尼古丁的烟雾，会损害婴幼儿的健康。

3. 避免电磁污染

婴幼儿应远离如电脑、微波炉、电磁炉或X射线等电磁器具，这些均对婴幼儿的身体有害。

（五）防饮食安全

1. 奶粉要求

对于不能进行母乳喂养的婴幼儿，在选用奶粉或牛奶的时候，要认真了解乳制品的质量及生产时间，杜绝食用过期或劣质的乳制品。

2. 防止婴幼儿消化不良

对婴幼儿进行人工喂养的时候，可以将牛奶与水以 3∶1 进行混合喂养，这样能防止婴幼儿消化不良，同时还要注意牛奶的温度不能太高。

3. 清洁要求

每次喂奶前后都要洗手，并对奶瓶进行消毒。吃剩的奶应倒掉，不能隔顿再喂给婴幼儿，以防牛奶变质，导致婴幼儿腹泻。

（六）防中暑和煤（燃）气中毒

1. 居室环境要求

婴幼儿的室内温度应控制在 22～24℃，室内湿度保持在 50%～60%为佳，每天要保证通风、换气。

2. 婴幼儿中暑的原因

夏天，妈妈为了“坐月子”将门窗紧闭，且不敢使用空调、风扇，这是导致婴幼儿中暑最重要的原因。

（七）防损伤耳朵

切勿使用棉签或其他物品给婴幼儿掏耳朵，避免弄伤婴幼儿的耳朵，导致其听力受到影响。如果婴幼儿的耳朵外面有脏东西，可以用湿的棉签轻轻对该部位进行擦拭，切不可掏耳朵里面。

（八）防用药伤害

当婴幼儿用药时，不管是口服药物还是外用药，在用药之前一定要仔细进行查看核对，避免发生误服误用，对婴幼儿造成不必要的伤害。

二、婴幼儿异常情况的表现与应对

（一）婴儿的异常表现

1. 哭声不停

正常情况下孩子的啼哭声是响亮、清脆、悦耳的，当其愿望得到满足时就会破涕为笑。假如婴幼儿情绪一反往常，不停地哭闹，不管给他吃奶、喝水、吃糖，还是给他玩平时爱玩的玩具，仍是啼哭不止，就说明孩子已发生异常或不适。这时应该密切观察，并将情况报告孩子的父母或亲人，必要时应当立即带孩子去看医生。

2. 精神状态不好

健康的婴幼儿大多精神饱满，而且十分好动，一吃饱就会手舞足蹈。如果孩子出现表情淡漠、不爱睁眼睛、不喜言笑、吃饱后逗他反应迟缓或没有反应等精神不振的表现时，便要提高警惕，注意密切观察，并将情况及时报告给孩子的父母或亲人，并立刻就医。

3. 没有食欲

当发现孩子的饮食习惯或饮食兴趣突然发生改变，并伴有哭闹，或是给他吃奶也予以拒绝，过一会儿再给他喂食仍拒绝，或吃得很少，就连平时很爱吃的东西也还是拒绝时，则说明孩子可能已经患病，但目前还没有明显的症状，应当密切观察，并将情况及时报告给孩子的父母或亲人，但最好还是立刻就医。

4. 睡眠时间少、睡得不安稳

初生婴幼儿每天需要睡 15 个小时以上，12 个月到 2 岁的孩子每天需要睡 13 个小时左右。3 岁到 6 岁的孩子一般每天需要睡 12 个小时左右。若发现婴幼儿夜晚睡得不安稳，经常翻身而且易惊醒，睡眠时间减少，却无任何引起他不睡觉的因素，这时就应该密切进行观察，看看是不是存在潜在的疾病或缺乏钙质，且要将情况及时报告给孩子的父母或亲人，必要时立即就医。

5. 便溺情况变化

平时婴幼儿小便比较多，颜色淡黄且清澈。如果婴儿出现小便次数少，便量减少，且颜色发黄、混浊，则说明婴儿可能已经在发热。一般情况下，婴幼儿每天大便 3 次左右，若孩子出现大便次数减少，或者大便次数明显增多，且混合黏液，则说明孩子可能已在生病，应立刻将情况报告给婴幼儿的父母或亲人，并立即去就医。

6. 呼吸不正常

一般情况下，婴幼儿的呼吸都比较均匀而平静。若孩子出现呼吸急促、深重或困难，甚至手脚冰凉、面色青紫、口唇发紫，多表明孩子正在发热，或者患有呼吸系统、心血管系统疾病，又或者是呼吸道有异物，这时一方面要密切观察，另一方面要立刻将情况报告给婴幼儿的父母或亲人，并立即去就医。

以上是婴幼儿常见的异常情况，如果观察不仔细，有时很难会发现。一般来说，如果同时出现几种情况，则说明婴幼儿已患病。而且，由于婴幼儿患病时起病急、变化快，所以保姆必须密切进行观察，做到早发现、早诊治，这样才能有利于婴幼儿的健康成长。

（二）异常情况应对

1. 擦伤

（1）症状。主要是如脸、手、腿等某个身体部位的皮肤被一些粗糙的东西擦破，造成一些擦痕或是小出血点等，这种外伤在婴幼儿身上经常发生。

（2）处理方法。如果表皮擦伤，首先可以先用凉水对伤口进行冲洗，直至伤口上的污物都被冲掉，再在伤口表面涂抹红药水或紫药水（如果是面部可不涂紫药水）。注意不能同时涂抹这两种药。若擦伤面比较大，在对创面进行清洁消毒后，敷上细纱布，然后包扎好。

2. 跌伤

由于婴幼儿天生比较活泼好动，其协调性和自我控制能力又比较差，因而在活动中非常容易发生跌伤。

（1）局部损伤时。大多数情况下跌伤只会造成局部的损伤，比如表皮的擦伤或渗血、出血，其处理的方式同表皮擦伤基本一样。

（2）情况严重时。若婴幼儿跌伤后的表现为神情呆板、反应迟钝、面色苍白，则表明可能是内脏或大脑出现损伤，应当立即带婴幼儿去医院进行诊治，以免延误诊治时机，造成生命危险。

3. 扭伤

（1）症状。通常婴幼儿四肢的关节部位比较容易发生扭伤，这是由于肌肉、韧带等软组织受到过度的牵拉而造成的损伤，这时受伤部位可能会出现青紫色、疼痛、肿胀、活动不便。

（2）处理方法。若发现婴幼儿扭伤，要立即停止婴幼儿的活动，及时向雇主反映，并根据情况送医院诊治。

4. 鼻出血

鼻出血是儿童期较为常见的特殊部位的出血。许多原因都可导致鼻出血，如鼻黏膜干燥、挖鼻孔、鼻外伤、用力擤鼻涕及各种血液病等。当婴幼儿出现鼻出血时，可采取以下做法：

（1）保姆应保持镇静并安慰婴幼儿，消除其紧张情绪，并采取半卧位或坐位，抬高其头部。

（2）将消毒棉花或纱布塞进婴幼儿出血一侧的鼻孔内进行止血。

（3）同时用冷毛巾或冰袋湿敷前额及后颈部，大约 5 分钟，直至出血停止即可。

（4）止血后 2~3 个小时内不要让婴幼儿进行剧烈运动。

（5）经上述方法处理后如果仍然无法止血，应立即送小儿去医院紧急处理。

5. 轻微烫伤

（1）判断烫伤的程度

若发生烫伤，必须首先对烫伤的程度进行判断，然后根据情况采取相应的措施。烫伤按照其严重程度可分成三度：一度仅使皮肤的表层遭受损伤，出现局部红肿，但未起水泡；二度伤及真皮，皮肤受伤部位呈淡红色或苍白，还伴有水泡出现，且剧烈疼痛；三度烫伤的程度比较深，伤到皮下组织、肌肉甚至骨骼，可能出现昏迷、休克等症状。

（2）对轻微烫伤处进行必要的处理

①一度烫伤

可立刻用凉水对受伤部位进行 10 分钟左右的冲洗或浸泡，或将伤处泡在凉盐水中，然后涂上植物油、蛋清或肥皂等，即可进行止痛和消肿。

②二度烫伤

对二度烫伤，可根据具体情况决定采取的措施。若水泡不是很大，且没有破（不要弄破），则可以使用75%的酒精对水泡的周围进行消毒，然后使用消毒纱布进行包扎，等到其干燥后自愈就可以了。如果水泡的面积比较大，或者已经破损，则要及时去医院进行处理。

③三度烫伤

若属于三度烫伤，则要马上送往医院进行治疗，并注意在送到医院的途中，以干净的纱布或被单将受伤部位盖住。

6. 溢奶

（1）溢奶出现的时间

溢奶大多出现于出生后1~2个月的新生儿。溢奶并非大口大口地吐奶，只要并非经常性发生，偶尔发生都没有太大关系。

（2）溢奶出现的后果

若经常溢奶且护理不当，容易产生严重的后果，即窒息，这是因为气管吸收了吐出的奶，造成了堵塞。此外，吐出的奶会流入咽鼓管，引起继发性细菌感染而患中耳炎。

（3）溢奶时的注意事项

出现溢奶的时候，应当注意以下事项：

①喂奶前要先换尿布，喂完奶以后尽量少搬动婴儿。

②喂完奶以后要将婴儿竖抱，轻拍婴儿的背部，等婴儿将吸入的空气排出以后再将其放平。

③婴儿躺下睡觉的时候，头要稍微抬高，身体向右侧卧。

④如果以上方法仍然没有效果，应及时将婴幼儿送往医院请医生进行检查，以排除先天性畸形或某些外科疾病。

7. 吞食异物

小儿有时会误吞食一些异物，比如纽扣、硬币、果核等。有些东西吃下以后，可随大便排出，并没有什么大问题，但有些就很危险。此时应当密切观察孩子的举动及反应。若吃进异物后，小儿身体表现异常难受，则应当立刻去医院进行处理。

第八章　老年人的护理

随着人口老龄化程度的加剧，老年人口逐渐增多，老年人的健康长寿与否，与家庭基础护理的优劣有极大关系。作为一名保姆，应当注意了解老年人的身体状况，及时对老年人身体上产生的不适做出反应，以便更好地照顾老年人的饮食、起居、生活。

第一节　老年人的起居护理

一、老年人的生活起居料理

（一）老年人的衣食住行相关问题

老年人的保健护理与其日常的衣、食、住、行紧密相连。因此，保姆应对老年人的衣、食、住、行特点有所了解。

1. 衣

衣服合体对老年人很重要。老年人应选择柔软、透气性好、宽松的棉制服装，且穿脱应方便，并注意随季节和气候的变化增减衣服。冬天要穿柔软轻巧的暗颜色衣服，且要多穿；夏天要穿淡颜色的衣服，且要少穿。同时，老年人的脚缺乏弹性，所以鞋子以轻巧、灵便、弹性好为宜，适合穿宽头皮鞋或布鞋，不宜穿尖头或高跟鞋。

2. 食

老年人应当多吃五谷杂粮，多吃素食，少吃动物脂肪类食品和甜食；多吃富含维生素的水果和蔬菜；每餐不宜吃得太饱，最好不要饮酒。

3. 住

合理的生活规律对健康很重要。老年人的起居要有规律，要有节奏地工作、学习及休息，并注意劳逸结合。早起早睡，每天要保证充足的睡眠，保持精神旺盛。

4. 行

“生命在于运动”。体育活动能够促进人体的新陈代谢，提高人体对疾病的抵抗能力，延缓衰老过程，这是无法用药物代替的。对老年人而言，保证一定的体育活动是必需的，通常较为适宜的体育活动有散步、慢跑、太极拳及练气功等。

除衣、食、住、行之外，老年人要延年益寿，还必须要保持胸襟开阔、心情舒畅、精神愉快。

（二）老年人的起居特点

老年人的起居特点一般为行动迟缓、反应迟钝、注意力不容易集中，容易发生事故。另外，随着年龄的增长，由于老年人大脑皮质的抑制过程减弱，许多老年人容易出现难以入睡或睡后容易醒来的情况。

（三）生活环境的料理

（1）老年人居住的房间最好朝南或朝东南，以使屋内能有阳光进行照射。但应当安装窗帘，避免白天光线过强，对老年人的休息产生影响。

（2）老年人的房间应保持适宜的温度和湿度，整洁安静。居室内应当定期清扫，清扫的时候应当使用湿式清洁法，不能使用鸡毛掸子，以免尘土飞扬。被褥也应经常进行晾晒，并保持床铺的清洁、干燥、平整和柔软。

（四）照顾老年人洗澡与盥洗

大多数老年人行动比较迟缓，所以每天早上或晚上要协助老年人盥洗，并为老年人备好盥洗物品，如牙刷、牙膏、毛巾、香皂以及盥洗用水等；如果老年人行动不便，不仅要为其准备好盥洗物品，还要协助老年人洗脸、洗手、洗脚或洗澡。

1. 洗脸、洗手

准备好半盆清洁温水，将盆放到老年人床边的凳子上，浸湿毛巾，然后拧成半干，擦洗老年人的面部，一般顺序为眼周、额部、面颊部及鼻唇周围，擦洗完后，再协助老年人将润肤霜涂擦到面部及手部。

2. 协助老年人沐浴

根据老年人的身体状况可以选择盆浴、淋浴或者床上擦浴等方式。选择沐浴时，应首先将水温调好，协助老年人站稳或者躺好，以防老年人滑倒或跌伤，随后从上到下依次将老年人的身体洗净擦干。注意保持水温，每次沐浴的时间不能太长，以免老年人着凉或者感到疲劳。

3. 老年人洗澡应注意的事项

（1）水温调节不宜太高，最好在37℃左右，以老年人感到不烫手为宜。水温过高将会导致人体大量出汗，出汗过多容易造成虚脱或昏厥。老年人淋浴时要用热水，如果水温适合，洗澡后则感觉全身轻松。老年人以洗盆浴为佳，若选择淋浴，需要在喷头下面放一张小凳子，让老年人坐着洗。

（2）不能空腹洗澡，空腹洗澡易引起低血糖性休克。由于出汗过多等原因，会降低血糖及血压，出现心慌、头晕、四肢软弱无力的现象，严重的话还会突然跌倒在浴室内进而发生意外。

（3）饭后不能立即洗澡。进食时，胃肠消化液分泌会增加，胃肠血液供应会减少，导致回心血量增加，从而加重心脏负担，容易诱发心脏疾病。进食后，老年人通常都有想睡觉的感觉，若这时立刻洗澡，加上表皮血管扩张，则可能出现晕厥现象。老年人应当在饭后1小时或者餐前1小时左右洗澡为宜。

（4）不必每天洗澡。老年人由于体质虚弱，且机体抵抗力下降，每天都洗澡会使机体抵抗力变得更差，尤其是天气较冷的时候，易引发感冒等病症。

（5）洗澡的时候不能突然站立或蹲下 。这种情况易因脑缺血、缺氧而休克，甚至导致脑溢血。

（6）搓背不要用尼龙巾。老年人皮肤较干燥，表皮大部分已经萎缩变薄，用尼龙巾进行搓背容易对表皮造成损伤，减弱皮肤的屏障作用，易诱发病毒、细菌感染，进而诱发传染性毛囊炎等感染性皮肤病。

（五）老年人的睡眠护理

在漫长的生活岁月中，老年人已经养成了自己的睡眠习惯，保姆应当充分尊重老年人的睡眠习惯，并在老年人有需要时提供帮助。

1. 老年人睡眠的特点

要照顾好老年人的休息，保姆首先应当了解老年人的睡眠特点。老年人的睡眠特点主要有以下几点：

①容易惊醒，醒后难以再次入睡。

②刚睡觉的时候很疲倦，但睡着不到 1 小时就会醒过来。

③看电视的时候容易打瞌睡，可是上床又睡不着。

④早上 4 点钟的时候可能就醒了，尤其是晚上，很容易醒。

2. 照顾老年人睡眠的方法

（1）保证老年人的休息环境

老年人的休息环境应当保持清洁、安静，注意空气流通，要及时对老年人的房间进行整理，以确保温度适中、通风良好。具体要求如下：

①温度。夏季时室内的温度应当调节在 18~20℃，冬季应当调节在 28~30℃。

②湿度。室内最佳湿度应为 50%~60%。适宜的湿度能够使人感

到清爽、舒适，可以使用空气加湿器来增加室内的空气湿度。

③通风。新鲜的空气对老年人特别重要。要经常开窗进行通风，使空气流通，将病菌排出室外，每次通风的时间应不少于30分钟。对身体较弱的老年人，通风的时候可以暂时将其请到其他房间，以免受到冷空气的刺激，这样不仅可以保持室内空气的新鲜，又不会因受冷而感冒。

④噪声。一般老年人喜欢安静，对于有心脏病的老年人来说，安静则是一种治疗手段，保姆应当在家庭中为老年人创造一个安静、优雅的环境，这样有利于老年人的修养。

⑤采光。老年人居住的房间应采光比较好，阳光照射对老年人特别重要。若打开窗户让阳光直接照进室内，阳光中的紫外线能够起到消毒、杀菌的作用。但老年人的房间要用深色的窗帘，可在老年人睡觉时为其遮挡室外的光线。

⑥床。老年人的床应当软硬适中、透气性好，最好是睡在床上，床垫不会下陷。床的高度应当在膝盖下，与小腿的长度相等，太高或太低都会使老年人感到不方便，增加摔倒的可能。

3. 注意事项

保姆在护理老年人睡觉的时候，应注意以下几点：

（1）不要在睡觉之前吃东西，这样容易造成肠胃负担，且身体其他部分也没有办法得到良好的休息，不但会影响入睡，还会有损健康。

（2）不要在睡觉之前说话。说话易使大脑兴奋以及思维活跃，从而使人难以入睡。

（3）不要在睡觉之前过度用脑。大脑处于兴奋的状态，躺在床上会很难进入睡眠状态，时间长了，还会失眠。

（4）不要在睡觉之前情绪激动。人的喜怒哀乐均易引起神经中枢的兴奋或紊乱，使人无法入睡，甚至造成失眠。

（5）不要在睡觉之前饮浓茶、喝咖啡。这些物质中含有让人精神亢奋的咖啡因等，在睡觉之前喝了容易造成入睡困难。睡觉之前可稍微吃一些点心或喝一些热牛奶，冬天可用热水泡脚，这样有助于入睡。

（6）老年人的睡眠时间应当按照老年人的生理特点、年龄差异、体质状况进行适度安排，要确保每天有 6 小时睡眠时间以及 1 小时午睡时间。

（六）辅助老年人进行适量的运动

运动量要适度，强度不要太大，时间不要太长。早晨起床的时候，如果可以的话可让老年人躺在床上，将四肢伸展开，用双手互相进行揉搓，活动指关节，然后进行 20~30 次的“干洗脸”动作，这些动作可以让老年人适应从睡眠中醒来的状态。还可以陪伴老年人去公园等环境安静的地方，进行适当的运动。

二、老年人的安全护理

1. 居家老年人的安全护理

由于年龄的增长，老年人的记忆力及判断力会有所下降，视听能力、应变能力、自我防御能力和避免伤害能力也会明显减退，从而造成老年人发生撞伤、跌倒、走失的机会增多，因此应当有针对性地加强对老年人的安全护理。保姆应当按照以下几点照料老年人的居家生活：

（1）很多老年人的牙齿有脱落现象或者装有假牙，而且消化吸收功能比较低，所以老年人的食物要烂、软、碎，便于消化吸收。同时，因老年人的咽喉部位反应不灵敏，容易噎住，所以应当提醒老年人缓慢进食，以防食物进入气管。

（2）经常告诉老年人进行体位变换时，比如起床、由蹲位站起等，动作要缓慢，不要太快，以防因为身体失去平衡或者直立性低血压而发生撞伤或跌倒事故。

（3）老年人行动较为缓慢，反应也比较迟钝，经常容易发生摔伤、骨折等损伤，所以当老年人进行活动时应当在其左右进行陪护，行走的时候也应当适当进行搀扶。

（4）有些老年人经常出现便秘、大小便失禁、尿频、尿急等现象，而大小便不畅容易引起血压升高，增加心脏负荷，所以一定要让老年人养成按时大小便的习惯。

（5）老年人由于活动减少，所以经常出现四肢无力和肌肉萎缩等状况，所以要坚持让老年人早睡早起，并适当进行体育锻炼。比如散步、慢跑、做保健操、打太极拳、练气功等。

（6）浴室及居室内要铺设防滑垫，楼梯处要有扶手，避免老年人在打蜡的地板上行走，防止滑倒。

（7）在老年人的活动范围内不能有电线及障碍物，避免妨碍老年人走动；提醒老年人避免进行危险活动，如爬高取物或抬举重物等；老年人生活空间内的家具摆设也要相对固定。

2. 老年人外出的安全护理

身体健康的老年人经常到户外活动，比如串亲访友、结伴旅游等，均是对身心健康很有帮助的。老年人外出之前要合理安排外出的时间，时间不宜太长，以防疲劳。若日期事先已经约好且无法改变时，不能匆忙外出，应当先做好充分的准备，以免留下安全隐患。一般情况下，雨雪天、雾天、炎热天以及大风寒冷天气是不宜外出的。

老年人独自外出时，应当提醒注意交通安全，行走不宜过急，以免忙中出错。如果老年人患有心脑血管疾病，独自外出时还应当带上心脏病保健药盒及相关的药物。若保姆陪同老年人外出，应根据老年人的心态和他闲聊，使其心情舒畅；老年人如果有心事，可以用话语分散其注意力，并设法为其解忧。

第二节　老年人的饮食照料

老年人的生理变化特点决定了老年人对饮食营养具有特殊的需求，饮食的质量会严重影响老年人的身体健康与寿命。通过对老年人饮食的特殊照料，可预防老年人过早衰老，以使老年性疾病的发生率降低，维护老年人的身体健康。

一、老年人的营养需求特点

由于年龄增长，老年人为维持身体机能需要有足够的营养，因此保姆要根据其营养需求特点制定相关饮食。主要注意以下几方面：

1. 热能需要量相对减少

随着年龄的增长，老年人的体力活动比较少，加之基础代谢和物质代谢水平逐渐下降，对热能的需要量相对降低，所以饮食中的热量应适当减少。如果摄入的热量大于消耗的热量，过多的热能就会转变成脂肪贮存于体内，必然引起肥胖，使体重增加，心脏负担也会加重，进而出现动脉硬化、高血压、冠心病及糖尿病。一般而言，只要满足食欲，且保持体重不变，就说明膳食热量的供给是适当的。

在我们日常吃的食品中，老年人热能的主要来源应以碳水化合物为主，米和面所产生的热量比较大，粗粮所产生的热量比较少，因此应当尽量少吃米和面，多吃一些产生热量比较少的副食品，还可以多吃一些粗粮，例如精制的玉米食品。

2. 保证有丰富的蛋白质

由于老年人主要以分解代谢为主，需要比较丰富的蛋白质来补充组织蛋白的消耗，以维持其正常的新陈代谢，增强对疾病的抵抗力，所以饮食中的蛋白质对老年人尤为重要。但是，由于老年人的消化功能和肾脏功能减弱，对蛋白质的消化和利用能力又比较差，摄入过多的蛋白质会使消化器官和肾脏的负担加重，增加胆固醇的合成。因此在保证合理膳食的前提下，蛋白质的摄入应当满足老年人的需要，并非越多越好。而在日常的食物中，优质蛋白质主要存在于大豆、鱼类、奶类、瘦肉和蛋类等食品中。

3. 铁、钙的补充

老年人最易缺铁和钙，铁是血红蛋白的重要组成部分，对铁摄入不足会导致疲乏无力、反应迟钝、记忆力下降，严重的话还可能导致缺铁性贫血。为了弥补老年人循环机能比较差的特点，应当使老年人的血液中含有较多的血红蛋白。因此，老年人应多吃含有丰富铁元素的食品，如蛋、绿色蔬菜、海带、木耳以及动物的肝、肾等。同时，老年人最易缺钙，对钙摄入不足可能会患有骨质增生、高血压、动脉硬化等疾病，但过量摄入钙也容易形成肾结石。因此，老年人每天应多吃奶、虾、大豆、芝麻、肉类及其制品，可防止缺钙现象发生。

4. 合理控制脂肪的摄入量

许多人认为吃含有丰富脂肪的食品就会肥胖，这种说法是错误的。老年人饮食中的脂肪要适量，不宜过多，也不宜过少，否则不利于脂溶性维生素的吸收。因此，对老年人的脂肪摄入量要进行合理的控制，尽量供给含有不饱和脂肪酸比较多、胆固醇比较少的脂类食品。需要强调的是，老年人最好少吃或不吃动物油，宜多吃植物油，这样有利于保护心血管系统，尤其是患有高血压、冠心病的患者更应该注意。

二、老年人饮食的基本原则

随着老年人消化功能的降低，心血管系统及其他器官均有不同程度的变化，因此老年人的饮食有特殊的要求。总的来说，老年人的科学饮食应注意营养既要全面，又要合理，还要注意饮食卫生习惯与食物的质量。具体来说，有以下几点：

1. 食物多样化，不宜偏食

人体所必需的六大营养素包括蛋白质、糖、维生素、脂肪、矿物质和水，这些营养素广泛存在于各种食物中。为了平衡吸收营养，保持身体健康，应合理搭配主副食，粗细兼顾；保持多样化，不要偏食，五谷杂粮、畜禽蛋乳、干鲜果品、水陆菜蔬、鱼贝虾蟹等都要吃。如果有可能，每天的主副食品应当保持 10 种左右。不要因为虽有高血压和冠心病，就“谈荤色变”，患有此类疾病的老年人，可以吃瘦肉、喝牛奶，更宜多吃豆类食品，以保证足够的营养供给，增强身体的抵抗力。

2. 饮食宜清淡

由于老年人的味觉减退，所以特别喜欢吃味道浓烈、油腻和油炸的食物，还有些老年人口味非常重，但要注意盐吃多了会增加心脏、肾脏的负担，容易引起血压增高；过甜则容易导致糖尿病，并且可能导致肥胖和高脂血症。因此为了健康，老年人一般每天盐的摄入量应在 6~8 克，而果蔬素食品的口味清淡，应当经常食用。但是清淡饮食并不等于吃素，应注意谷类、果菜类和肉类的适当搭配，有助于满足各种营养素的供应，增进食欲，促进消化。

3. 饭菜宜软烂

老年人因牙齿磨损、松动或脱落，咀嚼肌变弱，各种消化酶分泌减少，胃肠消化功能降低，因此应该把食物切碎煮烂。肉可以做成肉糜，蔬菜宜用嫩叶。烹调时多选择焖、炖、蒸和氽等方法，少选择煎、炸等方法，少用刺激性调味品。同时还要注意荤素搭配，干稀相配，保持色香味，以增进食欲，促进消化。

4. 要少食多餐

由于老年人肝脏合成糖原的能力减弱，糖原储备比较少，对低血糖的耐受力比较差，易感到饥饿和头晕。因此，在睡觉前、起床后或两次正餐之间，老年人可以适当吃少许点心或喝少许牛奶、饮料等食物作为补充。切忌过分饱食，那样不利于身体健康。老年人每餐应以八九分饱为宜，特别是晚餐。因此每天可以安排五餐，且量不宜太多，餐前不吃零食，尤其是甜食，避免影响食欲，导致消化功能紊乱；还应注意晚餐不宜过晚，特别注意不要食后就睡，以免不利于食物的消化吸收。

5. 温度要适宜

老年人由于唾液分泌减少，口腔黏膜抵抗力以及感受温度的能力降低，所以，不宜进食过热的食物。据研究，进食过热的食物是引起食道癌的原因之一。也不适合吃过冷的食物，否则易对胃气造成损害，所谓“生冷伤脾，硬物难化”是有道理的。因此，老年人的饮食应当稍微热一些，以适口进食为宜。

6. 要细嚼慢咽

有些老年人吃东西习惯很快，经常不完全咀嚼就将食物吞了下去，时间长了不利于身体健康。老年人进食时要细嚼慢咽，可以促进唾液分泌，以减少胃肠负担，便于食物消化吸收。患有糖尿病的老年人尤其应该缓慢进食，以免血糖突然升高。另外，吃得慢一些比较容易产生饱腹感，以防进食过多，影响身体健康。

7. 水分要充足

由于年龄的增长，老年人体内的水量正在逐渐下降，如果不适当增加饮水，会增加血液的黏稠度，这就容易诱发血栓和心脑血管疾病的形成，还会对肾脏的排泄功能造成影响。保姆可以为老年人经常做一些汤、羹、菜泥之类的食物，既能够补充水分，又便于消化。还可以每天早晨起床后，让老年人饮一杯温开水（300~400 毫升），能够滋润肠道，刺激肠蠕动。老年人每日摄入水量应高于 1500 毫升。

8. 多吃水果、蔬菜

水果

老年人应当多食用新鲜水果和蔬菜，以确保维生素和矿物质的供给。其中果胶和纤维素能够促进胃肠蠕动，可以防止粪便滞留在肠内，对预防便秘及肠道肿瘤的发生均有十分重要的作用。

9. 少吃辛辣食物

虽然辛辣的食物能够引起食欲，但是老年人过多食用，容易口干舌燥、火气大、难以入睡，所以少吃为宜。

三、辅助老年人进食

由于老年人的消化吸收能力较弱，所以老年人的进食过程有别于年轻人，保姆有必要辅助老年人进食。

（1）保证老年人按时进食。可以按照老年人的生活习惯，制定老年人的三餐以及安排加餐的时间，并提醒老年人按时吃饭。注意晚餐要吃得早一点，不要拖得太晚。

（2）提醒老年人要缓慢进食，同时进食量要少，以免噎食。

（3）保证食物要热。由于老年人无法很好地抵抗寒冷，如果吃过冷的食物可能会引起胃壁血管收缩，降低供血，并反射性地引起其他内脏血液循环量的减少，损害健康。

（4）保证食物干净。老年人的抵抗能力比较低，如果食用不干净的食物可能会引发多种胃肠道疾病，特别是食用腐败变质的有毒食物，还可能中毒昏迷，甚至死亡。

第三节　老年人出现意外情况的护理

一、老年人突发情况的应对

（一）突然中风的家中急救

中风，又称脑中风或脑卒中，是老年人常见的一种具有较高致残率和死亡率的急性脑血管疾病。其包括脑出血、脑栓塞、蛛网膜下腔出血等，具有猝然昏倒、不省人事、突然嘴歪眼斜、半身不遂、语言不流利、舌头发硬、口角流涎等特点。中风往往来势甚猛，病情危重，对老年人的生命具有严重危害。当家中有老年人发生中风时，保姆应采取以下措施：

1. 绝对卧床

当病人突然摔倒在地时，应将老年人轻轻扶到床上，不要用枕头，将其头偏向一侧，以使其口腔分泌物能够自动流出口外，避免呼吸道堵塞。若出现昏迷，应帮助病人将衣领松开，拿掉假牙，清除呼吸道内的分泌物，并保持安静。勿强行叫醒病人。

2. 及时拨打急救电话

家中老年人发生中风时，保姆应立刻打电话通知120急救中心或距离雇主家最近的医院，最好能够就地抢救。切勿搬动老年人，以防加重脑出血，使病情恶化。

3. 预防并发症发生

如果病人神志不清，切记不要给其喂食物、水与药物。除死亡率高之外，中风还易导致偏瘫、失语等后遗症，而且很可能再次发病。保姆如果能够掌握中风的一些预兆，则有助于预防及争取抢救时机。例如，老年人的脑栓塞先兆表现为突然眩晕、头重脚轻、头痛，一侧肢体感觉异常或无力、头面部麻木、说话困难、语不达意等，应立刻把病人送到医院进行诊治，以防血栓继续发展，从而加重病情。若患高血压与脑动脉硬化的老年人突然出现剧烈的头痛、嗜睡、呕吐、恶心、判断力失常，就要警惕可能发生脑出血，并立刻送到医院进行抢救。

（二）心肌梗死的家中急救

心肌梗死是由于长久而严重的心肌缺血引起的部分心肌坏死，是冠心病最危险的致死原因之一，也是老年人常见的急症。

1. 先兆和症状

梗塞前多表现为心绞痛发作次数频繁或程度加重，发作早期会出现胸痛，这也是最突出的症状，表现为胸骨后压榨性疼痛，其性质和部位都与心绞痛相似，持续时间长，经过休息或服用硝酸甘油无法缓解，同时伴有烦躁不安、大量出汗等情绪改变。当心肌损伤严重、心肌梗死面积广泛时，病人的表现为面色苍白、脉搏微弱、血压下降、皮肤湿冷、尿量减少、反应迟钝，甚至会昏迷；广泛心肌梗死的早期，因为梗塞后心肌收缩力减弱，病人会突然产生呼吸困难、烦躁或咳嗽等症状。发病后 1~2 周内多产生心律失常，发病 24 小时内的发生率最高，也是最危险的，是心肌梗死致死的原因之一。通常有 1/3 的病人在发病早期剑突（位于胸骨体的下端，即胸骨最下面的部分）下会产生不适，或者上腹胀痛，并伴有恶心、呕吐现象，此时也应当提高警惕。

2. 紧急抢救措施

当怀疑和确认病人发生心肌梗死时，因病情紧急，保姆应当立即联系医院和急救中心。在医生尚未到达时，应当先采取以下紧急抢救措施：

（1）急救者应做到保持自我镇定，首先要让病人躺下，不做任何活动，也不能随意搬动病人，然后尽快联系医院或急救中心，并设法让病人保持安静。

（2）缓解症状，也就是给病者舌下含苏合香丸、硝酸甘油等。若家中有氧气袋，也可给其吸氧。

（3）对患者的病情变化进行密切观察，积极采取抢救措施。如果发现心跳、呼吸停止，应当立即在心前区进行叩击，以刺激心脏起搏，同时进行口对口人工呼吸实施抢救。随后立刻打电话请 120 急救中心的医生到家中对病人进行诊治，等平稳之后再由医生陪同转送到医院进行治疗，同时要打电话通知病人家属，告知病人情况。

3. 出院后的注意事项

心肌梗死病人出院后应注意以下几个方面：

（1）饮食应清淡、新鲜，不宜吃得过饱，多食用低脂肪、维生素含量高的食品，不吃甜食、咸食或过辣食品。

（2）运动要适度，切勿过度劳累，可进行散步、打太极拳、轻体力的家务劳动等。

（3）戒除如吸烟、嗜酒、赌博及饮用含咖啡因的饮料等不良嗜好。

（4）随身要经常准备着硝酸甘油等扩冠状动脉药物，定期去专科门诊复查，并遵照医生嘱咐坚持长期治疗。

（5）保持稳定的情绪和健康的心理状态，切勿大喜大忧。

二、老年人就诊常识

人到老年，身体的各项脏器功能都会有所下降，身体方面多伴有一些不同程度的慢性病，有的已被发现，但也有很多潜在的疾病没有被发现，所以定期去医院进行体格检查是非常必要的。老年人看病时应注意：

（1）老年人到医院看病时，首先应当将老年人的病历本、保健卡、医疗证或合同医院的挂号证准备好，还要准备足够的钱。如果去复查，应备好以往的检查报告单以及 X 光片等。为防有异常情况发生，心脑血管病患者还应带上心脏病保健药盒及相关的药品和物品。

（2）出门前应当根据季节变化穿戴好，必要的时候要戴上口罩，以防止传染病和空气污染；还要了解当日的天气情况，并针对相应的天气情况准备如雨伞、拐杖、太阳帽、衣物等必要的用品。如果家中没有人看家，外出前要仔细检查煤（燃）气、水、电的开关是否关好，门窗有没有锁好，要确保没有火源。切勿因外出时间短而忽略上述的安全检查。

（3）要跟随老年人，妥善照顾，行走时要稳当，切忌匆忙，如果老年人行动不便要给予搀扶。过马路时要左右看看，确定安全后再通过。注意行走路线以及沿途标志和方向，以免迷路。乘坐公共交通工具的时候，特别是乘坐公交车时，要坐（站）稳，并坐或站在老年人的身旁进行看护，上下车时必须搀扶老年人，以防紧急刹车时磕碰撞伤。

（4）到医院后，先安排老年人到等候区坐稳休息，然后再去为老年人挂号；如果老年人有意识障碍，则等老年人休息好之后，搀扶老年人一起去挂号，以防在去挂号期间老年人发生意外。就诊时如果需要可帮助老年人诉说病情，告知医生老年人近日的饮食、睡眠及用药等情况，并注意记下医嘱，如注意事项、用药剂量和时间、饮食要求、复诊时间等。诊治完毕，要先让老年人坐好休息，然后再去划价、交费和取药，若医生有一些特殊情况的医嘱或需要老年人住院，应尽快通知老年人的家属。

第九章　孕、产妇的护理

孕、产妇的护理主要包括饮食调理和起居护理。保姆要密切关注孕、产妇的身体和心理变化，注意加强孕、产妇的营养调配，并提供有效的护理措施。

第一节　孕妇的护理

一、孕期的生理特点及护理

孕期一般约 280 天（40 周），28 天为一个妊娠月，所以全程为 10 个妊娠月或 40 周。

孕期分为孕早期、中期、晚期。通常正常足月为 38~42 周。

1. 孕早期（1~3 月）

孕早期是胚胎完成各个器官、系统、人体外形及四肢发育的关键时间。这时孕妇的生理特点表现为恶心、呕吐、乏力、食欲不振、头晕、尿频、便秘等。这时保姆要根据孕妇的情况进行护理，护理要点主要有以下几点：

（1）饮食要清淡，容易消化，少食多餐，多吃新鲜水果，适量吃一点甜食，可以预防“烧心”。呕吐、恶心严重的时候要就医。孕早期是胎儿各项器官形成分化阶段，这时需要合理全面的营养。可多补充叶酸（有助于防止胎儿畸形）、菠菜（要焯一下水以去除草酸）、香蕉、坚果。注意饮食清洁，以防腹泻。

（2）要充分休息，保证一天有8~9小时的睡眠时间。

（3）居室要通风，提高室内的相对湿度（湿度为65%为宜），多喝水，以防呼吸道黏膜受损。

（4）避免接触有毒物质，比如甲醛、汽车尾气等。

（5）预防感冒（预防病毒感染），注意个人卫生，适量运动，谨慎用药。

（6）少进厨房，远离微波炉。

（7）加强自我保护。到医院或人多密集的地方要戴口罩，饭前、便后、外出，以及打喷嚏、咳嗽、清洁鼻孔后，要使用流动水和肥皂洗手，并注意口唇清洁；对电话机进行消毒。

（8）就医时要主动对医生说清怀孕情况，以免服用孕妇不宜的药物。

2. 孕中期（4~7月）

孕中期的胎儿各项器官基本定型，并进一步发育成熟。尤其重要的是胎盘已经形成，并连接脐带。这一阶段的护理要点有：

①孕中期的胎儿发育成长比较旺盛，同时孕妇的身体变化也最

大，因此孕妇对营养的要求要全面、量大，应多食用富含铁成分的食品，比如动物肝脏、蛋黄、豆制品，还应注意钙质的补充，比如虾皮、海带、牛奶。

②这一时期的孕妇要多到户外进行活动，多晒太阳。

③这段时间宝宝的听力发育已经成熟，不可将传声器贴在孕妇腹部。

3. 孕晚期（8~10月）

孕妇易发生妊娠并发症，比如高血压、胎位不正、浮肿，体重增加也非常迅速，但大于500克/周视为异常。这时孕妇的乳房开始泌乳；心肺负担加重，比常人急促；排尿次数增加；易发生痔疮。如果有浮肿现象，饮食应当采取低盐饮食，高抬腿，每天进行数次按摩。

孕晚期是胎儿生长最快的时期，注意不可以过多地进食高热量食物，避免肥胖，导致胎儿过大。

二、孕妇的起居护理

（一）给孕妇穿、脱衣服

1. 孕妇的穿着要求

孕妇的穿着要依据不同季节选择合适的服装，应以宽大、舒适为主，并选择明亮、轻快的颜色。面料的选择最好是具有良好吸汗、透气性的纯棉制品，冬季可以选择穿着轻而保暖的毛料。

（1）服装

孕妇体形的变化主要体现在腹部日渐增大，胸围也日渐增大。孕妇的衣着首先应当考虑的是松软、宽大、舒适以及穿、脱方便，防暑保暖，清洁卫生。裤子和裙子都应该以松紧带束腰，不能穿紧身衣裤或紧束腰带；内裤应当选择棉质内裤。

（2）鞋袜

鞋要跟脚，但也不能过紧，鞋底要带有防滑纹。孕妇最好穿平跟鞋，使用牢固宽大的鞋后跟支撑身体，避免穿高跟鞋或不容易脱落的鞋，以免跌倒或加重腰酸和腹胀。不穿紧身裤袜，以免影响下肢血液循环。

2. 给孕妇换衣物

（1）操作方法

①先帮助孕妇脱下上身的脏衣物。脱开襟上衣的时候，应当先将一侧衣袖脱下，然后将衣服从孕妇的身后转向另一侧脱下衣服。脱套头的衣服时，要先将袖子脱下，然后将衣服卷成一个圈，撑着领口从孕妇的前面穿过孕妇的前额及鼻子，再穿过孕妇的头后部脱下衣服。

②为孕妇换上干净的上衣。为孕妇穿开襟上衣时，要先穿上一侧的衣袖，然后将衣服从其身后绕到另一侧穿上，并整理衣服，扣上扣子。穿套头衣服时，要先将衣服卷成一个圈，将领口撑开，由脑后至前面套下来，注意不要碰到孕妇的前额和鼻子，随后再分别将两侧的袖子穿上。

③帮助孕妇脱掉下身的脏衣物时，要让孕妇站立或平躺在床上，松开腰带，将下身衣物脱至臀下，然后让孕妇坐下（若躺在床上则无须再坐下，只要让孕妇抬起臀部即可），将双腿平伸，脱下裤子。

④为孕妇穿下身衣物时，要让孕妇先坐在床沿边，伸直双腿，将裤子穿到臀部，然后让孕妇站起来，提上裤子，扣上扣子，再系上腰

带即可。孕妇也可以平躺在床上穿裤子，这就要孕妇平躺在床上，平伸双腿，将裤子穿到臀下，然后让孕妇将臀部抬起，提上裤子，扣上扣子，再系上腰带即可。

（2）注意事项

①孕妇穿脱衣物的时候要扶好、站稳，以保证安全。

②孕妇的衣物要单独清洗，最好进行手洗。衣物清洗干净后最好使用衣物柔顺剂浸泡 5~10 分钟，以防静电。

（二）照料孕妇洗澡

到了妊娠中、晚期，特别是进入晚期时，孕妇的行动往往有诸多不便。若有必要，保姆可以陪同孕妇进浴室，协助孕妇洗澡。

1. 注意水的温度

在为孕妇放洗澡水时，要注意掌握水温在 37℃以下。洗澡水不宜太热，避免全身血管扩张而引发晕厥，这是因为过高的温度会损害胎儿的中枢神经。过冷或过热还会刺激子宫，诱发早产。

2. 时间不宜过长

（1）沐浴时间不适合太长，避免发生头晕现象，每次沐浴的时间要控制在 20 分钟以内。

（2）如果孕妇出现头昏、胸闷、眼花、乏力等症状，应当立刻停止洗浴，适当休息。

3. 应该采取坐位

妊娠的最后 3 个月，孕妇的腹部会过于沉重，这时孕妇的身体就会不容易保持平衡，进出浴盆的动作笨拙，且容易滑倒，因此不主张盆浴。而且，由于水中的细菌、病毒非常容易随之进入阴道、子宫，引发阴道炎、输卵管炎等，或是引起尿路感染，造成孕妇出现畏寒、高热、腹痛等症状，这样必定会增加孕期用药的机会，也极易留下畸胎或早产的隐患，因此建议采用坐位淋浴方式。

4. 注意防滑

洗澡时应提醒孕妇动作要缓慢，以免滑倒。浴室的浴缸里一定要垫上一块防滑垫，地板如果不是防滑的，也要加防滑垫。

（三）孕妇的活动与休息

妊娠之后，健康的孕妇仍然可以进行工作，做一些日常家务，但要避免重体力劳动。孕妇家务劳动时应注意不登高、不搬抬重物、不过度弯腰、不劳累、不长久站立、少沾凉水。由于孕妇极易疲劳，务必要对其强调预防疲劳的重要性，使其掌握有关的预防措施。

孕妇的休息和睡眠时间因人而异，但至少要保证孕妇每天能够有8~9小时的睡眠时间，并且要尽量安排孕妇每天至少有30分钟以上的午休时间，以确保孕妇体力的恢复。孕妇休息时，应该让孕妇采取舒适的卧位姿势，建议采取左侧卧位或坐位（坐位时腿要抬高），这是因为左侧卧位能够改善子宫的血液供应，降低子宫对动静脉的压迫，有利于减轻下肢水肿等，同时要尽可能伸展肢体，以使心脏搏出的血液更加容易地流向四肢。

保姆还应经常提醒或陪伴孕妇进行适当活动，其运动量的大小应当根据孕妇的具体情况进行制定，以孕妇不感到疲劳为宜。注意保证安全，每次运动应保持在30分钟以内。室外散步是最佳的活动形式，散步不仅简单易行，还能刺激全身肌肉的活动，并且能够增强身体某些部位的肌肉力量，特别是与分娩有关的几组盆底肌肉。

为保证孕妇日常活动的安全与舒适，应指导孕妇遵循以下活动原则：

（1）每天的活动内容要不同，比如走路、站立、坐位等。

（2）活动的时间宜短。

（3）站立时，要让孕妇稍稍分开双腿，将身体重量均衡地落在双腿上，以免一条腿承重而引起疲劳。需要长时间站立时，要每隔几分钟就变换双腿的前后位置，要将重心放在伸出的前腿上，以缓解疲劳。

（4）走路时要尽量保持平衡，抬头，伸直颈部，后背挺直，绷紧臀部。每走一步都要注意脚下的安全，注意踩实了再走第二步，不要走起伏不平的路，以免摔倒。

（5）上下楼梯时，要全脚着地，一步步慢慢上下，待重心完全移到一只脚上以后，再迈另一只脚。上身要挺直，动作要慢，不要弯着腰。特别是在妊娠晚期，隆起的腹部容易遮挡视线，注意脚要踩稳了再移动身体，如果有扶手，应当扶着走。

（6）避免弯腰拾物。拾取地面物品的时候，要先曲膝后落腰，蹲好后再捡拾。

三、孕妇的饮食护理

（一）孕妇饮食特点

胎儿在母体中孕育，营养的摄取均来自母体。胎儿的发育需要营养，胎儿的附属物需要营养，如胎盘、胎膜、脐带等；母体子宫的增大、分娩的时候所需要的产力、产后哺乳等都需要营养。因此为了孕妇和胎儿的健康，要非常注重加强孕妇的营养。孕妇营养充足，全身状况优良，那么胎儿的发育就好。除摄取自身所需的营养外，孕妇还要加上腹中胎儿所需的那一份。

（二）孕妇饮食要求

加强营养并不等于大量地食用鸡、鸭、鱼、肉等，一般食物调配好也可满足孕妇的营养需要。孕妇在饮食方面应注意以下几点：

（1）多吃粗粮，少吃精制米面。玉米、小米、土豆等含有的维生素和蛋白质比白面、大米要高，且还含有多种元素。

（2）多吃新鲜的蔬菜和瓜果。其含有丰富的人体所需的维生素，以及钙、铁等矿物质。

（3）多吃豆类、芝麻、花生及其制品。这些食物中富含脂肪、蛋白质、维生素 B、维生素 C、钙及铁。豆芽还富含维生素 E。

（4）多吃鱼、肉、蛋和奶。这类食品含有丰富的人体所需的蛋白质，尤其是牛奶和鸡蛋中含有大量的钙及磷脂质，有助于胎儿骨骼的生长及神经系统的发育。

（三）孕妇饮食禁忌

（1）孕妇不宜食用不洁食品，以免引起胃炎、肠炎、痢疾，从而导致流产或早产。

（2）禁食污染食品，以及零食或添加剂过多的垃圾食物。因为被污染的食品中不仅含有致癌物，还可能诱发胎儿畸形。

（3）忌抽烟、喝酒。烟酒中含有的尼古丁和酒精可导致胎儿发育不良、智力低下或畸形。

（4）孕妇忌饮浓茶、咖啡和可乐。这些饮品中均含有咖啡因，咖啡因会对胎儿的骨骼生长有影响，也会增加流产、早产、婴儿体重过轻的概率。

（5）孕妇的饮食不宜过咸。不吃含有亚硝基化合物的食品，比如腌菜、酸菜等，可能会引起水肿或加重妊娠高血压综合征。

（6）孕妇要少食甜食或油脂较多的食物。高糖、高脂肪食物往往会导致孕妇过胖，如汽水、糖、薯片等，从而导致妊娠性糖尿病、妊娠性高血压的发病率增加，分娩时也会有困难。

（7）孕妇应少吃或不吃有刺激性的食品或调料，如八角、花椒、小茴香、辣椒、胡椒、桂皮、五香粉等，这些食物会诱发胃肠蠕动加速、胀气、痔疮发作等。

四、陪孕妇安全出行

孕妇的安全直接影响婴儿和准妈妈两个人的健康，所以在整个孕育期间都要特别重视。以下简单列举一些在日常生活中看起来简单、实际却非常重要的注意事项。

1. 陪孕妇徒步行走

徒步行走对孕妇很有益，可增强孕妇腿部肌肉的紧张度，预防静脉曲张，并增强腹腔的肌肉。但是保姆在陪孕妇徒步行走时要注意：

（1）散步前为孕妇穿着舒适的鞋，最好穿平跟或低跟、平稳的便鞋。

（2）散步场所最好选择环境较好的公园。如果没有条件在公园里散步，应当选择交通状况不太紧张的街道，以减少安全隐患，避免孕妇吸入过多汽车尾气。

（3）提醒孕妇走路的姿势，要保持身体挺直，双肩放松。

（4）观察孕妇是否疲劳。如果孕妇疲劳了，要建议孕妇马上停下来，就近坐下休息 5~10 分钟，然后再继续活动。

2. 陪孕妇乘车

若需要陪孕妇坐车进行长途旅行，则需要注意：

（1）乘坐无轨电车、公共汽车及地铁时，要让孕妇坐下，以免急刹车让其失去平衡或摔倒。

（2）若坐小轿车，则要让孕妇坐在最舒适的座位上，可让其背靠沙发座或是躺下；如果孕妇感到累了，可给她揉揉腿脚。

（3）乘坐火车旅行时，可建议孕妇起身在车厢内适当地走动走动，便于血液循环。

第二节　产妇的护理

孕妇分娩以后，其全身各器官组织均会产生很大变化，除乳房外都会恢复到妊娠前的状态，比如子宫由怀孕时像冬瓜一样大会慢慢地缩小到原来像梨子一样的大小。这种恢复期一般需要 40~50 天，这段时期就叫产褥期，俗称“坐月子”。产妇在产褥期时身体非常虚弱，身体的各项机能也还没有恢复，需要细心照料，不仅要注意产妇的饮食营养，还要注意许多生活细节问题。

一、产妇的起居护理

（一）确保舒适的室内环境

1．温度要适宜

室内温度一般冬季在18～22℃、夏季在25～28℃为宜。冬季要注意保温，预防感冒；夏季不要捂得太严，因为产妇体内的热量若无法排泄，会导致中暑。室内的温度和湿度可使用空调和加湿器进行调节。

2．空气要新鲜

产妇的卧室应当保持充足的光照和良好的通风条件，并保持室内的清洁卫生。若室内空气混浊，卫生环境差，极易造成产妇、婴儿呼吸道感染，甚至导致产妇中暑。通风可每天2次，每次15～20分钟，但注意避免对流风直接吹在产妇身上。

3．氛围要安静

产妇在坐月子期间需要足够的休息，以恢复体力，因此要保持室内安静，给产妇一个舒适的环境。

（二）协助产妇清洁护理

1．口腔清洁

产妇在月子里食用的食物含有大量的糖、蛋白质，若不刷牙，容易坏齿，引发口臭或口腔溃疡。因此保姆要协助产妇每日早、晚2次刷牙，进餐后也要刷牙或漱口。但由于产妇比较敏感，漱口时应选择温水，且最好以软毛牙刷轻轻漱刷。

2. 头发清洁

一般认为产妇在月子里不可以洗头，这是不科学的。由于产妇分娩时用力大会出汗，另外孕妇产后身体内多余的体液也需要通过毛孔排泄出去，头发会经常汗津津的，所以头发易瘙痒、难闻，如果不及时清洗，还会对身体其他部位造成污染。但是产妇在产褥期洗头必须要注意以下几点：

（1）不能频繁洗头，夏天1天或2天洗一次即可。

（2）洗头的水温和室温要适宜。

（3）建议产妇使用生姜煮过的水洗头。

（4）可多用几条干毛巾把头发擦干，忌用吹风机吹干头发。

（5）产妇睡觉前一定要弄干头发。

（三）协助产妇洗浴护理

一般来说，正常分娩的产妇在分娩后2~5天（剖腹产拆线后2天）便可以洗澡，但不能早于24小时，且最好选用淋浴。顺产产妇和体质较好的产妇，分娩后第二天起即可进行适当淋浴。体质较弱的产妇，特别是难产和剖腹产的产妇，则应等到腹部伤口愈合后再进行淋浴，在这之前可进行擦浴。

1. 洗浴前的准备

（1）关闭电风扇、空调，并关好门窗，以免对流风，进行擦洗的房间要暖和、避风。

（2）调节室内温度，控制浴室内温度在26~32℃，并调节水温在 39～40℃。

（3）备好洗浴用品，如浴液、洗发液、浴巾、换洗衣物等。

2. 洗浴的方式

产妇的沐浴方法有 2 种：床上擦浴和淋浴。可根据产妇的活动能力及其体质状况，选用恰当的方法。

（1）淋浴

如果产妇全身状况良好、体质较好，可以于分娩后第二日进行淋浴。保姆首先要为产妇准备好淋浴用品，室温调节在 24℃左右，并调好水温在 40℃左右，然后在产妇身边帮助产妇快速冲洗身体。注意时间不超过 10 分钟，以免因时间过久发生虚脱等意外。如果产妇体质较虚弱，水温可适当高些，提醒产妇进入浴室后不要锁门，以便在发生意外时可及时进入。若有需要保姆可陪同产妇进入浴室，以保证产妇的安全，并给予产妇必要的协助。若不具备淋浴条件，可帮助产妇擦洗，然后在同等条件下另外再洗头发。禁止使用盆浴，以免发生生殖道逆行感染。

（2）擦浴

如果天气较冷，每隔 2～3 天帮产妇擦浴（擦身）一次即可。擦浴步骤如下：

①擦浴前首先应调节好室温，以 24℃左右为宜，然后将门窗关好避免对流风。

②准备好洗浴用品，比如浴巾、毛巾、肥皂、换洗衣物、热水等。

③擦洗时，每次只暴露正在擦洗的部位，等一个部位擦洗完后，立刻用被子盖好，然后暴露下一个部位进行擦洗，以达到保暖的目

的，并尽可能减轻产妇的不安心理。注意动作要轻柔。

④擦浴的顺序是眼、鼻、耳、脸、手臂、腋下、胸部、腹部、背部、臀部、腿部、会阴部和脚部。孕妇身体各脏器中最敏感的器官之一便是眼睛，所以在擦洗时动作要轻柔；清洁产妇手脚时，可直接将孕妇的手脚放进水里浸泡（水温最好不超过 40℃）；清洁会阴部时，根据产妇的身体状况也可以让产妇自己冲洗。

⑤剖腹产的产妇穿、脱衣的时候，要注意保护好产妇的伤口，为其擦洗时也一定不要沾湿伤口。衣服穿好以后，要整理好床铺，需要更换床单时应当及时换洗。

3. 洗浴后保暖

洗浴后要擦干产妇的皮肤，并在皮肤皱褶的部位涂爽身粉；协助产妇换上干净衣服，叮嘱产妇要及时穿上防寒的衣服，暂时不要外出。然后将室温调节至 22～26℃，等产妇适应温度后再扶起走出浴室，以免身体着凉或被风吹着。

洗头发的准备工作与洗澡一样，洗头发后的保暖也和洗澡一样。洗浴前后产妇进行活动的房间室温要和浴室的室温保持一致，注意室温控制，洗后不适合立刻打开空调进行降温或开窗通风，以防感冒。

4. 注意事项

（1）产妇在生产过程中因体力消耗较大，首要任务就是休养。因此应尽快恢复正常饮食，多食用营养价值高的食物。

（2）会阴部要注意清洁，伤口不能沾水，严防感染。

（3）要进行适当的运动，促进身体恢复。

（4）接受育儿知识的教育、出院后日常生活的指导，接受相关注意事项的指导，并严格遵守。

（四）协助产妇做好产后恢复工作

协助产妇做好产后恢复工作主要有以下几个方面：

（1）照看好婴儿，让产妇放心。

（2）提醒产妇提早下地活动。由于产妇生产过后身体比较虚弱，因此活动的时候应当进行搀扶和照顾，以防摔倒。

（3）提醒产妇活动要适度。避免长时间地站立，尽量少采取蹲位，否则可能引发子宫下垂。

（五）产妇衣着、被褥

1. 产妇衣物换洗

产妇的内衣、内裤应当保证每天换洗，且不要与婴儿和其他人的衣物一起洗，以避免细菌交叉感染，造成对产妇与婴儿的不利影响。

2. 注意事项

产妇的衣着、被褥等的厚薄要适当，不要过厚或过薄。

（1）产妇的衣服要穿全棉的，要具有吸汗性、透气性好的特点，颜色要浅。款式要方便对孩子进行喂奶，不要附有拉链、扣子等坚硬的装饰品，以防划伤婴儿。

（2）内衣必须是全棉的，而且每天都要换洗。

（3）脚上要穿袜子，且鞋子要软底的。

（4）床不要太软，太软容易造成产妇腰痛。

（5）床上的物品要保持整齐干净，时常换洗，以保持卫生。

二、产妇的饮食护理

（一）产妇饮食原则

（1）食物要多种多样，荤素兼备，应吃易消化、刺激性小的食物。

（2）要吃热量高、营养丰富的食物。

（3）饮食中应当含有足量的蛋白质，钙、铁矿物质以及维生素，比如牛肉、鸡蛋、牛奶、动物肝肾以及豆类及其制品。但应注意，鸡蛋并非吃得越多越好，应适量食用，每天吃 4~6 个即可。

（4）多饮水、多喝汤。可用猪骨头、猪蹄煮汤以补钙。

（5）不要偏食、挑食，切勿盲目忌口。

（二）产妇恢复期食疗调养原则

（1）饮食中要有充足的营养。多食用有利于产后恢复的食物，以补血养气、恢复元气。

（2）要保护脾胃，食用清淡而且容易消化的食物，不要一味地进补，可多食用汤、粥、羹类，少食多餐，每天应进餐 5~6 次。

（3）饮食应当符合催乳、哺乳需求，选择能养血增乳、疏肝通乳的食物。如排骨、猪蹄和鲫鱼等食物有下奶的作用，可经常食用，并根据婴儿大便的状况合理调整。

（4）注意必要的饮食禁忌。

（三）从食物中摄取营养元素

1. 蛋白质

瘦肉、鱼、蛋、乳及家禽类，比如鸡、鸭等均含有大量的动物蛋白。花生和豆类及其制品均含有大量的植物蛋白。

2. 脂肪

肉类、动物油中含有动物脂肪；核桃仁、葵花子、花生仁、豆类、芝麻和菜籽中含有植物脂肪。

3. 糖类

食用糖、栗子、莲子、藕、马铃薯、蜂蜜、甘薯、菱角以及所有谷类中均含有大量的糖。

4. 矿物质

油菜、芹菜（特别是芹菜叶）、荠菜、莴苣、雪里蕻和小白菜中含有比较多的铁、钙；猪肝、猪肾、鱼、豆芽菜中含有较高的磷；海带、虾、鱼和紫菜等含碘量较高。

5. 维生素

（1）维生素 A。鱼肝油、蛋、肝、乳均含有较多的维生素 A，另外，胡萝卜素在人体内可以转化为维生素 A，因此可以多吃一些如胡萝卜、菠菜、荠菜、韭菜、苋菜和莴苣叶等含胡萝卜素较多的食物。

（2）维生素 B。小米、糙米、麦粉、玉米、豆类、肝、蛋、青菜、水果中均含有大量的维生素 B。

（3）维生素 C。各种新鲜蔬菜、草莓、柠檬、葡萄、柑橘、柚、香蕉、苹果中均含维生素 C，尤其是鲜枣中的维生素 C 含量最高。

(4) 维生素 D。鱼肝油、蛋类和乳类中含有丰富的维生素 D。

(四) 适合产妇吃的食物

1. 炖汤类

含有丰富的营养，容易消化吸收，促进食欲以及乳汁的分泌，有利于产妇恢复身体健康。可轮换着为产妇炖煮鸡汤、牛肉汤、猪蹄汤、排骨汤、肘子汤，其中，传统的下奶食品便是猪蹄炖黄豆汤。

2. 鸡蛋

鸡蛋中含有丰富的蛋白质、氨基酸和矿物质，容易消化吸收，可制作煮鸡蛋、蛋花汤、蒸蛋羹，或是将其打在面汤里等，切记食用要适度，不可过多。

猪脚炖黄豆汤

3. 小米粥

小米粥含有丰富的维生素 B、膳食纤维和铁。可以单煮小米，也可以和大米合煮，具有很好的补养效果。但切勿完全依赖小米粥，因为小米中所含的营养物质毕竟不全面。

4. 红枣、红小豆、红糖等红色食品

这些食物中含有丰富的铁、钙等，有利于提高血色素，帮助产妇补血、去寒。需要注意的是，红糖是粗制糖，含有较多的杂质，应将其煮沸再食用，但切忌过多食用。

5. 鱼

含有丰富的营养，通脉催乳，味道鲜美。其中首选的便是鲫鱼和

鲤鱼，可以清蒸、红烧或炖汤，汤肉可以一起吃。

6. 芝麻

含有丰富的蛋白质、钙、磷、铁等营养成分，有利于滋补身体，非常适合产妇的营养需要。

7. 蔬菜、水果

富含维生素C和各种矿物质，对产妇的消化和排泄功能有很大帮助，还能够增进食欲。各类水果都可以吃，但要注意的是，这时候产妇的消化功能还没有完全恢复，不能吃得太多。冬天若水果太冷，可以先将其用热水烫一下，然后再吃（比如香蕉、橘子、红枣、桂圆、山楂）。

8. 粗粮或杂粮

适当吃些粗粮或杂粮，切不可偏食。

9. 补血类

妇女分娩后气血亏损，体质较为虚弱，面色苍白，有的可能会出现贫血及轻度贫血。除了吃些鸡肉、牛肉、鸡蛋、猪肉外，在1~3个月内要多吃含有丰富铁的食物，比如猪血、黑木耳、猪肝、大枣等。

（五）产妇不宜吃的食物

①辛辣食物。

②刺激性饮品，比如浓茶、咖啡和酒，这些饮品会对产妇的睡眠及肠胃功能产生影响，也不利于婴儿的健康。

③酸涩收敛食品，比如乌梅、南瓜等，以免阻滞血液流通，不利恶露的排出。

④冰冷食品，比如雪糕、冰淇淋及冰凉饮料等。

⑤过咸食品中盐分过多，会引发浮肿。

⑥麦乳精以麦芽为原料，而麦芽具有回奶的作用，会对乳汁的分泌产生影响。

（六）注意事项

（1）忌喝脂肪比较高的浓汤。在分娩之后的3~4天之内，产妇切勿着急进食炖汤类。

（2）忌味精，多吃容易导致婴儿缺锌，造成婴儿智力减退、生长发育迟缓等。

（3）红糖应适量，不适合多吃，以免造成牙齿损坏。而且红糖性温，会加速汗液的排泄，使身体更加虚弱。

（4）汤汁汤料一起吃。汤料里的营养其实是最丰富的，煲汤不需要使用大锅，煲的时间也不要过长。